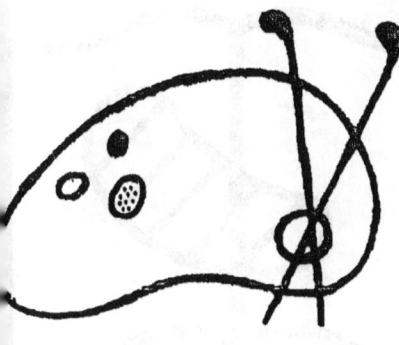

Début d'une série de documents en couleur

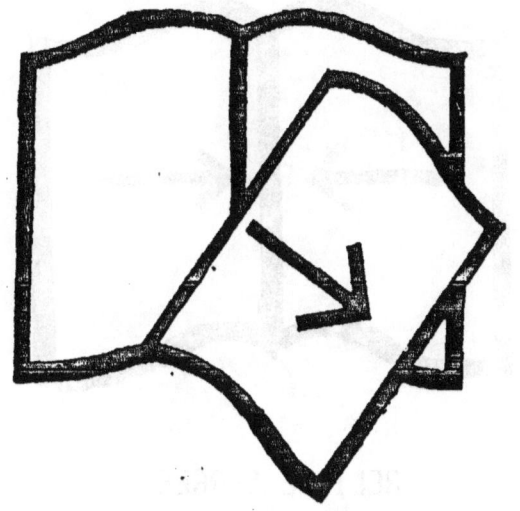

Couverture inférieure manquante

COUVERTURES SUPERIEURE ET INFERIEURE D'IMPRIMEUR

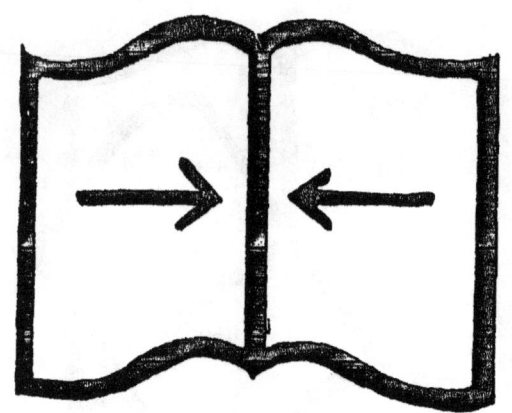

RELIURE SERREE
Absence de marges
intérieures

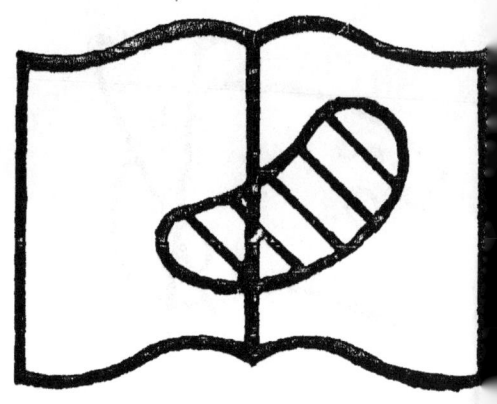

Illisibilité partielle

VALABLE POUR TOUT OU PARTIE DU
DOCUMENT REPRODUIT

Y²
8744.

36
98

Concernant celle Cammechi

3850

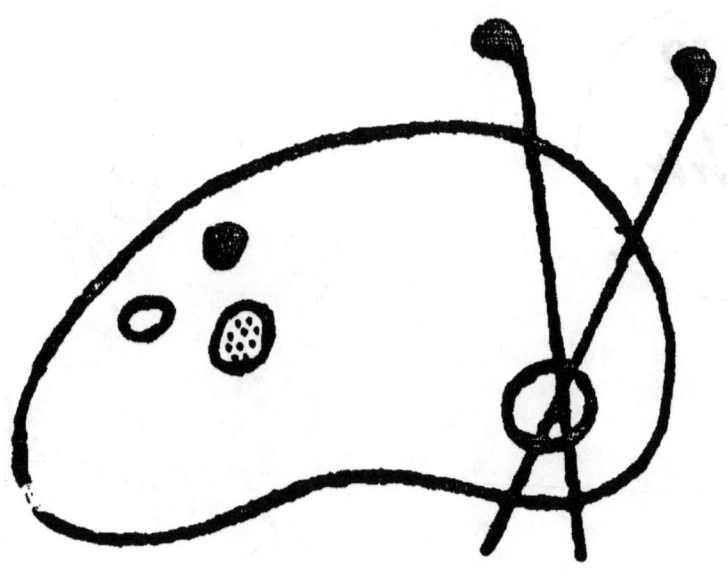

Fin d'une série de documents en couleur

LA FABRIQUE DE CRIMES

SAINT-OMER, IMP. H. D'HOMONT, RUE DES CLOUTERIES

LA
FABRIQUE DE CRIMES

PAR

PAUL FÉVAL

PARIS
LIBRAIRIE DENTU
78, BOULEVARD SAINT-MICHEL
—
Tous droits réservés

PRÉFACE

Voici déjà plusieurs années que les fabricants de crimes ne livrent rien. Depuis que l'on a inventé le naturalisme et le réalisme, le public honnête autant qu'intelligent crève de faim, car, au dire des marchands, la France compte un ou deux millions de consommateurs qui ne veulent plus rien manger, sinon du crime.

Or, le théâtre ne donne plus que la gaudriole et l'opérette, abandonnant le mélodrame.

Une réaction était inévitable. Le crime va reprendre la hausse et faire prime. Aussi va-t-on voir des plumes délicates et vraiment françaises fermer leur écritoire élégante pour s'imbiber un peu de sang. La jeune génération va voir refleurir, sous d'autres noms, des usines d'épouvantables forfaits!

Pour la conversion radicale des charmants esprits dont nous parlions tout à l'heure, il faut un motif, et ce motif, c'est la hausse du crime. Hausse qui s'est produite si soudain et avec tant d'intensité que l'académie française a dû, tout dernièrement, repousser la bienveillante initiative d'un amateur qui voulait fonder un prix Montyon pour le crime.

Nous aurions pu, imitant de très loin l'immortel père de *don Quichotte*, railler les goûts de notre temps, mais ayant beaucoup étudié cette intéressante déviation du caractère national, nous préférons les flatter.

C'est pourquoi, plein de confiance, nous proclamons dès le début de cette œuvre extraordinaire, qu'on n'ira pas plus loin désormais dans la voie du crime à bon marché.

Nous avons rigoureusement établi nos calculs : la concurrence est impossible.

Nous avons fait table rase de tout ce qui embarrasse un livre ; l'esprit, l'observation, l'originalité, l'orthographe même ; et ne voulons que du crime.

En moyenne, chaque chapitre contiendra, soixante-treize assassinats, exécutés avec soin, les uns frais, les autres ayant eu le temps d'acquérir, par le séjour des victimes à la cave ou dans la saumure, un degré de montant plus propre encore à émoustiller la gaîté des familles.

Les personnes studieuses qui cherchent des procédés peu connus pour détruire ou seulement estropier leurs semblables, trouveront ici cet article en abondance. Sur un travail de centralisation bien entendu, nous avons rassemblé les moyens les plus nouveaux. Soit qu'il s'agisse d'éventrer les petits enfants, d'étouffer les jeunes vierges sans défense, d'empailler les vieilles dames ou de désosser MM. les militaires, nous opérons nous-mêmes.

En un mot, doubler, tripler, centupler la consommation d'assassinats, si nécessaire à la santé de cette fin de siècle décadent, tel est le but que nous nous proposons. Nous eussions bien voulu coller sur toutes les murailles de la capitale une affiche en rapport avec l'estime que nous faisons de nous même ; mais notre peu d'aisance s'y oppose et nous en sommes réduits à glisser ici le texte de cette affiche, tel que nous l'avons mûrement rédigé :

Succès, inouï, prodigieux, stupide !
LA FABRIQUE DE CRIMES
AFFREUX ROMAN
Par un assassin

L'Europe attend l'apparition de cette œuvre extravagante où l'intérêt concentré au delà des bornes de l'épilepsie, incommode et atrophie le lecteur !

Tropmann était un polisson auprès de l'auteur qui exécute des prestiges supérieurs à ceux de

LÉOTARD.

100
feuilletons, à soixante-treize assassinats donnent un total superbe de
7.300 victimes
qui appartiennent à la France, comme cela se doit dans un *roman national*. Afin de ne pas tromper *les cinq parties du monde*, on reprendra, avec une perte insignifiante, les chapitres qui ne contiendront pas la quantité voulue de *Monstruosités coupables*, au nombre desquelles, ne seront pas comptés les vols, viols, substitutions d'enfants, faux en écriture privée ou authentique, détournements de mineures, effractions, escalades, abus de confiance, bris de serrures, fraudes, escroqueries, captations, vente à faux poids, ni même les

ATTENTATS A LA PUDEUR,

ces différents crimes et délits se trouvant semés à pleines mains dans cette *œuvre sans précédent*, saisissante, repoussante, renversante, étourdissante, incisive, convulsive, véritable, incroyable, effroyable, monumentale, sépulcrale, audacieuse, furieuse et monstrueuse,

en un mot,

CONTRE NATURE,

après laquelle, rien n'étant plus possible, pas même la
Putréfaction avancée,
il faudra
Tirer l'échelle !!!

LA FABRIQUE DE CRIMES

CHAPITRE PREMIER

MESSA — SALI — LINA

Il était dix heures du soir....
Peut-être dix heures un quart, mais pas plus.
Du côté droit, le ciel était sombre ; du côté gauche, on voyait à l'horizon une lueur dont l'origine est un mystère.
Ce n'était pas la lune, la lune est bien connue. Les aurores boréales sont rares dans nos climats, et le Vésuve est situé en d'autres contrées.
Qu'était-ce ?....
Trois hommes suivaient en silence le trottoir de la rue de Sévigné et marchaient un à un. C'était des inconnus !
On le voyait à leurs chaussons de lisière et aussi à la précaution qu'ils prenaient d'éviter les sergents de ville.
La rue de Sévigné, centre d'un quartier po-

puleux, ne présentait pas alors, le caractère de propreté qu'elle affecte aujourd'hui ; les trottoirs étaient étroits, le pavé inégal ; on lui reprochait aussi d'être mal éclairée, et son ruisseau répandait des odeurs particulières, où l'on démêlait aisément le sang et les larmes....

Un fiacre passa. *Le Rémouleur* imita le sifflement des merles ; *le Joueur d'orgue* et *le Cocher* échangèrent un signe rapide. C'était Mustapha.

Il prononça quatre mots seulement :

— Ce soir ! Silvio Pellico !

Au moment même où la onzième heure sonnait à l'horloge Carnavalet, une femme jeune encore, à la physionomie ravagée, mais pleine de fraîcheur, entr'ouvrit sans bruit sa fenêtre, située au troisième étage de la Maison du Repris de justice. Une méditation austère était répandue sur ses traits, pâlis par la souffrance.

Elle darda un long regard à la partie du ciel, éclairée par une lueur sinistre et dit en soupirant :

— L'occident est en feu. Le Fils de la Condamnée aurait-il porté l'incendie au sein du château de Mauruse !

Un cri de chouette se fit entendre presqu'aussitôt sur le toit voisin et les trois inconnus du trottoir s'arrêtèrent court.

Ils levèrent simultanément la tête, — en tressaillant !

Le premier était bel homme en dépit d'un emplâtre de poix de Bourgogne qui lui couvrait l'œil droit, la joue, la moitié du nez, les trois quarts de la bouche et tout le menton. A la vue de cet emplâtre d'une dimension inusitée, un observateur aurait conçu des doutes sur son identité. Rien, du reste, en lui, ne semblait extraordinaire. Il marchait en sautant, comme les oiseaux. Son vêtement consistait en une casquette moldave et une blouse, taillée à la mode garibaldienne. La forme de son pantalon disait assez qu'on l'avait coupé dans les défilés du Caucase. Il n'avait point de bas, ni de décorations étrangères.

Sous sa blouse, il portait un cercueil d'enfant.

Le second, plus jeune et vêtu comme les marchands de contremarques, avait en outre des lunettes en similor, pour dissimuler une loupe considérable qui déparait un peu la régularité de ses traits.

Le troisième et dernier, doué d'une physionomie insignifiante en apparence, mais féroce en réalité, portait la livrée des travailleurs de la mer, sauf l'habit noir et la cravate blanche; Le reste de son costume consistait en un gilet de satin lilas et un pantalon écossais.

Évidemment, ils avaient adopté tous les trois ces divers travestissements pour passer inaperçus dans la rue de Sévigné.

Quels étaient leurs desseins ?

Il était facile de reconnaître à première vue, malgré le masque de tranquille indifférence attaché sur leur visage que c'était trois malfaiteurs intelligents et endurcis.

A l'instant où ils levaient les yeux vers le toit d'où le cri de chouette venait de tomber, une fusée volante s'alluma et décrivit dans les airs une courbe arrondie.

— C'est le signal ! dit le premier inconnu.

— La route est libre, ajouta le second, rien n'arrêtera nos pas.

Le troisième conclut :

— Mort aux malades du docteur Fandango !

La fenêtre du troisième étage se referma avec précaution et Mandina de Hachecor, l'amante du gendarme (car c'était elle), pensa tout haut :

— Mustapha tarde bien ! si le Fils de la Condamnée a réussi, tout n'est pas encore perdu !

Elle disparut après avoir jeté un dernier regard à la lueur lointaine qui rougissait la portion occidentale du ciel.

Les trois inconnus, cependant, s'étaient retournés au son de leurs propres voix et groupés en rond d'un air impassible.

L'école du danger leur avait appris à contenir l'expression de leurs craintes et de leurs espérances.

Tout le monde dans Paris, sait quelle est la grandeur des véhicules de l'ancienne Compagnie Richer, appartenant aujourd'hui à MM. Lesage et Cie, industriels de la Villette. Une de ces voitures, si propres par leur taille, à cacher des armes prohibées, des trappes et des double fonds, ainsi qu'à dissimuler des conspirateurs, était arrêtée devant le trottoir. Elle abritait momentanément nos trois inconnus contre tous les regards.

Ils s'examinèrent l'un l'autre minutieusement.

— Messa ! prononça avec mystère celui qui était bel homme en dépit d'un emplâtre de dimension inusitée.

— Sali ! fit le second.

— Lina ! acheva le troisième.

Gringalet, l'enfant naturel de l'huissier de la place des Vosges, entendit ces trois étranges locutions. Il les réunit, les dédoubla et dit en lui-même :

— Ça fait Messalina !

C'était un impubère vif, grêlé, gracieux, rieur et bancroche comme tous les gamins de Paris.

A la voiture de vidange à air comprimé, trois grands chevaux percherons étaient attelés.

Gringalet, souple comme un serpent, eut l'idée de se glisser entre la queue et la croupe de l'un de ces animaux.

Une fois installé là, convenablement, il prêta l'oreille. Sa curiosité était éveillée. Son intelligence précoce l'avertissait que ce nom coupé en trois était le symptôme d'une situation saisissante.

En effet, celui qui avait prononcé le mot Messa, tendit ses mains aux deux autres. Ils échangèrent aussitôt plusieurs signes maçonniques, connus d'eux seuls. Après quoi Sali tira de son sein un pli scellé aux armes de Rûdelame de Carthagène, anciens seigneurs du pays, ruinés par des cataclysmes, et Lina montra une bouteille, bouchée à l'aide d'un parchemin vert.

— Dix-huit ! prononça-t-il à voix basse.

— Vingt-quatre ! répliqua Sali.

— Trente-trois ! gronda Messa d'un accent caverneux : tous clients du docteur Fandango !

— Tous clients du docteur Fandango ! répétèrent Sali et Lina.

Gringalet croyait rêver.

Messa poursuivit, en soulevant un peu son

emplâtre pour respirer plus commodément l'air de la nuit :

— Total général soixante-treize ! c'est notre compte.

Les deux autres firent écho, répétant :

— Soixante-treize ! c'est notre compte.

Et Messa avec une gaieté farouche ajouta :

— M. le duc sera content, je lui en apporte un petit par-dessus le marché.

En même temps, il frappa le cercueil d'enfant, qui rendit un son lugubre.

Gringalet comprenait vaguement.

La moelle de ses os se figeait dans ses veines !

— C'est donc bien vrai ! ce que disent les romans à un sou, pensa-t-il. Paris contient d'épouvantables mystères ! Ces inconnus sont peut-être les trois Pieuvres mâles de l'impasse Guémenée.

Sa voix s'arrêta dans son gosier, tout son corps trembla.

Si c'était vrai, une simple queue de cheval percheron le séparait d'un trépas inévitable.

Sali, cependant, toucha son pli, scellé d'armes nobiliaires et murmura :

— Le Fils de la Condamnée nourrit des projets. M. le duc nous convoque pour cette nuit dans les galeries qui s'étendent sur le fleuve.

— C'est bien, dit Messa. Depuis la dernière assemblée, trois cents et quelques squelettes nouveaux ornent ces souterrains, dont Paris, ville de plaisirs insouciants, ne soupçonne pas même l'existence.

— Cette nuit, fit Sali avec un sarcasme cruel, il s'agit de la jeune et belle Elvire.

Un triple éclat de gaieté sinistre ponctua

cette communication et Lina, débouchant sa bouteille de fer-blanc, ajouta :

— Donnez vos fioles ; pendant que la voiture de vidange à air comprimé nous protège contre tous les regards, je vais faire la distribution de *l'élixir funeste !*

CHAPITRE II

LA MACHINE INFERNALE

Gringalet avait lu un grand nombre de romans criminels. Il n'était pas sans connaître les innombrables et horribles dangers que Paris dissimule sous le riant manteau de ses fêtes.

Mais à onze heures du soir, dans la rue de Sévigné, une distribution d'élixir funeste, destiné sans nul doute à décimer les populations ! ceci dépassait toutes les bornes !

Pour lui démontrer qu'il n'était pas le jouet d'une vaine illusion, il fallut un fait matériel.

Au moment où Lina enlevait le parchemin qui fermait sa bouteille, afin de remplir les fioles de ses deux complices, une odeur se répandit dans l'atmosphère, une odeur indéfinissable et si pénétrante que les trois Pieuvres mâles, malgré l'habitude invétérée qu'ils avaient de cet arômate, éternuèrent à l'unanimité.

Gringalet en eut envie, mais il se contint, craignant de dévoiler sa présence. En dépit de sa jeunesse, il avait de la perspicacité. Loin de se laisser abattre par la position précaire qu'il occupait entre la croupe et la queue du cheval, il se mit à fixer dans sa mémoire le nom à compartiment des trois inconnus : Messa, Sali, Lina et les divers détails de cette scène inconcevable afin de les révéler au docteur Fandango qui était son bienfaiteur et son parrain.

En effet, l'huissier de la place des Vosges, dont il avait le malheur d'être le fils illégitime, l'avait abandonné dès sa plus tendre enfance aux soins du hasard.

Nous n'aimons pas les digressions, mais nous déclarons qu'un homme comme il faut ne doit jamais détailler le fruit de ses débauches, surtout lorsqu'il est officier ministériel.

Messa et Sali, cependant, avaient atteint chacun une fiole en métal d'Alger qu'ils portaient, attachée à leur chaîne de montre. Lina emplit les flacons et dit avec une horrible ironie :

— Voilà de quoi meubler le charnier de l'arche Notre-Dame !

— Silence ! ordonna Messa qui semblait avoir sur les deux autres une autorité morale. Nous avons une position agréable chez M. le duc. Ne la perdons pas par de puériles étourderies. Bien des oreilles nous guettent, bien des yeux nous observent. Nous avons contre nous, outre les agents du pouvoir, toutes les créatures du docteur Fandango : le Joueur d'orgues, le Rémouleur, et surtout Mustapha qui dissimule, sous sa profession de cocher de fiacre, une naissance féodale et une éducation de premier ordre. Nous avons Mandina de Hachecor qui s'est faite femme coupable pour nous épier. Bien plus, dans cet unique but, elle a même accueilli l'amour d'un simple gendarme ! La multiplicité de nos ennemis commande une circonspection croissante. M. le duc n'est pas estimé dans son quartier. Toi, Carapace, sais-tu comment on nomme la demeure, ici près ? on l'appelle la Maison du Repris de justice ! Toi, Arbre-à-Couche, tu passes pour avoir été mal guillotiné ! Moi-même, je n'ai pas conservé au nom de Boulet Rouge toute la considération dont l'avaient entouré mes ancêtres. Ainsi donc, soyons muets comme des soles normandes, et pour le vain plaisir de faire des mots, ne risquons pas notre aisance !

Comme tous les braves, le célèbre Boulet-Rouge, l'homme à l'emplâtre, avait de ces aphorismes et parlait avec facilité ; ses compagnons, moins lettrés, restaient sous le charme de sa faconde et oubliaient d'ouvrir l'œil de lynx.

Gringalet, au contraire, dans l'intérêt de son bienfaiteur le docteur Fandango, était tout oreilles. Il classait dans sa jeune mémoire, avec soin, les renseignements obtenus. Ainsi donc, le véritable nom de Messa était Boulet-Rouge ; Lina s'appelait Carapace ; Sali se nommait Arbre-à-Couche et devait avoir au cou le vestige particulier à la guillotine. Tous trois possédaient un élixir farouche et travaillaient pour un charnier inconnu du vulgaire.

Hier encore, Gringalet n'était qu'un enfant naturel, vendant les listes des loteries autorisées, ou ouvrant la portière des fiacres, à l'entrée des lieux de réjouissance, tels que spectacles, bals et restaurants ; aujourd'hui, la connaissance de tant de secrets le mûrissait de plusieurs lustres.

Il se cramponnait à son poste bien qu'il en sentit les inconvénients.

Cette nature abrupte, mais dévouée, préférait sa cachette incommode à un lit de roses, où il ne lui eut pas été donné de se rendre utile, il voulait mettre un terme aux soixante-treize meurtres quotidiens qui désolaient la France.

Ces caractères se font très rares.

Les trois Pieuvres mâles de l'impasse Guéménée (puisque nous connaissons désormais leur position sociale), avaient d'excellents motifs pour causer en toute sécurité sur le trottoir de la rue de Sévigné. Outre la voiture, déjà nommée, qui les isolait de la chaussée, sur les toits de la Maison du Repris de justice, une sentinelle active surveillait pour eux les alentours, prête à signaler le moindre danger à l'aide d'une fusée volante.

C'était Tancrède, dit Chauve-Sourire, parce que les sourcils lui manquaient, ex-enfant de chœur de Saint-Eustache, congédié pour abus de burettes. Il était le neveu propre de Dinah Tête-d'Or, concubine d'Arbre-à-Couche. Il aurait pu passer pour incorruptible, sauf sa bouche, sur laquelle il était porté.

Nous avons besoin de poser ces détails, en apparence indifférents, pour rendre compréhensible la catastrophe vraiment neuve qui va clore ce second chapitre.

A onze heures treize minutes, Mandina de Hachecor, « l'Escarboucle de Charenton-le-Pont » comme l'appelait Brissac son gendarme et son esclave, ouvrit avec précaution la porte du réduit modeste où elle abritait son talent et sa beauté. Vous n'auriez pu la voir sans l'aimer ; elle portait son galant déshabillé de nuit et tenait à la main une carafe de cassis et un verre à patte.

Elle monta deux étages. Tout en haut de l'escalier, elle passa sa tête charmante à une lucarne qui donnait sur le toit, et d'une voix douce elle appela Tancrède, surnommé Chauve-Sourire.

Celui-ci veillait. Il avait soif, comme toujours et reconnut bien la voix douce qui l'avait appelé plus d'une fois déjà pour lui offrir du vespetro ou de l'anisette, car Mandina appartenait au docteur Fandango et ne reculait devant aucun sacrifice pour servir les intérêts de cet homme remarquable.

Tancrède vint, Mandina lui offrit un verre de cassis, puis, usant des innocentes séductions de son sexe, elle l'entraîna dans sa chambre où elle l'enferma à double tour, en ayant soin de mettre aussi le verrou et plusieurs barres de fer très solides.

Dès lors, Messa, Sali et Lina manquaient de factionnaire. Leur sécurité devenait chimérique.

Mandina avait ses projets. Elle se coiffa d'un chapeau de bergère, ôta sa crinoline et mit un faux nez. Ainsi travestie, elle descendit l'escalier quatre à quatre. En descendant et par surcroît de précaution, elle posa sur son faux nez, une paire de lunettes vertes, propriété d'un jeune écrivain déjà célèbre qui portait ombrage à Brissac. Il avait tort. On peut avoir sur soi les lunettes vertes d'un jeune homme dépourvu d'aisance, sans pour cela manquer aux lois de l'honneur.

Parvenue au rez-de-chaussée de la Maison du Repris de justice, Mandina de Hachecor enfila l'allée et se glissa comme un vent coulis derrière les trois Pieuvres mâles qui causaient toujours. Boulet-Rouge la vit, il avait un œil d'aigle, mais, trompé par son déguisement, il la prit pour un bas-bleu.

Mandina franchit la chaussée et s'élança sur le trottoir opposé où se trouvaient également trois hommes, bien différents de Messa, Sali, Lina.

Peu de personnes ont eu connaissance de cette grande lutte entre le duc de Rudelame-Carthagène et le docteur Fandango. L'autorité étendit un voile prudent sur ces horribles massacres, afin de ne point effrayer les touristes qui sont la fortune de Paris.

De même que les trois Pieuvres mâles de l'impasse Guéménée étaient soudoyés par le duc, de même les trois belles et robustes natures, rassemblées sur le trottoir opposé travaillaient pour Fandango.

C'était Pollux, le joueur d'orgues, Castor, le rémouleur et Mustapha, le conducteur de citadine.

Tous trois déguisés en hommes du peuple !

Remarquez ceci : Jadis les gens du peuple se déguisaient en grands seigneurs pour faire leurs méchants tours ; aujourd'hui, depuis que le roman coupable dispose des doubles fonds de Paris, les gens de qualité se mettent en voyous pour pouvoir pénétrer dans tous ces souterrains où grouille le crime. C'est un échange fait entre l'auvergnat à cinq centimes et l'habit noir à un sou.

Mandina ôta d'un geste rapide son faux nez avec ses lunettes ; elle arracha son chapeau de bergère. Il ne lui manquait désormais que sa crinoline.

— Paris ! dit-elle, craignant de n'être pas reconnue.

— Palmyre ! répondirent les trois bons cœurs.

Puis, mademoiselle de Hachecor leur demanda avec énergie :

— Vous ai-je suffisamment prouvé que je suis Mandina, la fille du grand chef des Ancas ! l'Escarboucle de Charenton-le-Pont ?

— Oui ! répondit Mustapha, tu as notre confiance, parle.

Il se permit en même temps un geste régence autant qu'indiscret, car il aimait les dames. Sans cela, il eut été parfait.

Mandina le repoussa avec décence et dit :

— J'ai examiné le ciel avec soin ; une lueur a paru du côté de Mauruse où s'est écoulée mon enfance.

Pollux, Castor et Mustapha se regardèrent sans frémir.

— Que Dieu protège le Fils de la Condamnée, murmura le chœur des belles natures.

Et tous se serrèrent la main d'une façon particulière.

Mandina, contenant son émotion, prit une pose plus saisissante.

— Ces voitures gigantesques, poursuivit elle en montrant le véhicule de MM. Lesage et Cie, sont propres à cacher tous les forfaits.

— Contient-elle des animaux dangereux ? demanda vivement Mustapha.

S'il n'avait pas d'épée, à cause de son métier civil, néanmoins il était digne d'en porter une.

Mandina eut un sourire amer.

— Je ne sais, répondit-elle, je ne fais pas allusion au dedans, mais au dehors; sur le trottoir qui vous fait face, et à l'abri de cette volumineuse machine, j'ai vu réunis : Carapace, l'homme à l'élixir funeste ; Arbre-à-Couche, le secrétaire du duc et Boulet-Rouge, l'assassin du cent-garde !

Castor, le rémouleur, grinça aussitôt les dents. Ce n'est pas étonnant, le cent-garde était son propriétaire.

Mustapha mesurait déjà de l'œil la voiture de vidange. Il était dans son caractère de la franchir, au lieu d'en faire le tour.

— Boulet-Rouge, ajouta Mandina, a sous sa chemise le cercueil de l'enfant !...

Un cri d'horreur s'éleva de toutes les poitrines.

Les vidangeurs, cependant, achevaient leur besogne. On avait vidé et purifié la modeste fosse d'aisance de la Maison du Repris de justice, dont le rez-de-chaussée était occupé par deux industriels brevetés : un marchand de cirage inoffensif pour la chaussure et un commerçant en colle de poisson.

Pollux, Castor, Mandina et Mustapha se rapprochèrent les uns des autres si étroitement que leurs haleines se confondirent.

Elles n'étaient pas toutes agréables.

Mandina parlant d'une voix creuse et avec des inflexions étranges disait :

— L'amadou à l'usage des fumeurs est une des plus récentes inventions de ce siècle qui marche d'un pas sûr vers le progrès matériel. Il a produit le télégraphe électrique et la photographie, sans parler d'autres merveilles qu'il serait trop long d'énumérer dans des circonstances aussi graves. Plus récemment encore, il a produit, toujours pour l'usage des fumeurs, ce petit briquet étonnant avec lequel on parvient à enflammer les allumettes de la régie. J'en possède un. Il suffirait de se glisser jusqu'à cette voiture énorme, de présenter avec adresse à l'ouverture du robinet d'arrivée une allumette préalablement enflammée... L'esprit s'étonne de ce qui arriverait !

Les compagnons de Mandina éprouvèrent un malaise, excepté Mustapha dont l'esprit résolu et subtil était fait pour comprendre les avantages incalculables de cette combinaison.

— Je l'oserai ! prononça-t-il avec un geste intraduisible. Si ma mère me voit du haut des cieux, elle appréciera les motifs de cette démarche. C'est le seul moyen honnête que nous ayons pour débarrasser l'Europe civilisée de ces trois Pieuvres mâles.

Mandina, pour cette bonne réponse, lui confia aussitôt sa main à baiser. Castor et Pollux approuvèrent la résolution de Mustapha. Celui-ci, pâle d'émotion, mais gardant aux pommettes cette tache rouge qui indique la phtisie galopante, reçut de mademoiselle de Hachecor, le briquet récemment inventé. Muni de cette arme incendiaire, il se coula comme un tigre vers la voiture de vidange.

Les employés allaient justement fermer les robinets. Une minute de plus et l'entreprise était manquée.

Messa, Sali et Lina avaient fini de parler affaire ; ils se préparaient à partir en fredonnant des chants patriotiques.

Mustapha était beau à voir au moment où par des prodiges de patience, il réussissait à enflammer une récalcitrante allumette de l'impôt. Aucun signe de crainte ne se manifestait en lui, sinon un tremblement général et bien naturel. Il approcha la préparation chimique du robinet en murmurant :

— O ma mère !...

L'effet se fit un peu attendre ; mais pour n'être pas instantané, il n'en fut pas moins remarquable. Une explosion majestueuse et pareille à plusieurs coups de tonnerre, fit trembler le sol, jusqu'à la rue Saint-Antoine, située non loin de là. Toutes les vitres de la rue de Sévigné, sans en excepter une seule, furent mises en pièces. Quelques pavés même, furent déchaussés comme des dents malades.

Une odeur nauséabonde et infectante se répandit dans l'air. Les maisons de la rue du sinistre furent maculées du sol au faîte et les ruisseaux roulèrent des flots de déjections putrides et asphyxiantes.

Mais là, ne se bornèrent pas les dégâts.

Soixante-treize personnes des deux sexes et de tout âge, trouvèrent la mort dans cette combinaison qui leur était absolument étrangère. Outre la corruption fétide, le ruisseau déversa dans l'égout des flots de sang, tandis que la chaussée était jonchée de lambeaux humains en différents endroits. Les amis, les parents, les domestiques vinrent pendant toute la journée du lendemain reconnaître dans ce rouge fouillis, les morceaux de ceux qui leur étaient chers. C'était horrible, mais intéressant. Paris tout entier, voulut voir cela, et il vint des gens de province en quantité. Les différentes administrations de chemins de fer avaient eu l'excellente idée d'improviser des trains de plaisir.

Anticipant sur les événements, nous dirons ici que par les soins de l'autorité, ce hachis humain, ces rillettes de cadavres mélangés à la vidange, ne tardèrent pas à mettre la peste noire dans le quartier. Le nombre des victimes de cette cruelle maladie n'est pas venu à notre connaissance, la préfecture de police en garda le secret avec un soin jaloux ; mais il fut tellement considérable que 232 familles aisées émigrèrent à Versailles, ville autrefois royale, qui gagne maintenant son pain à faire croire qu'elle a passé un traité avec les épidémies.

Telles peuvent être les suites des briquets à l'usage des fumeurs. Et chaque fois que vous détournez une institution de son but, vous pouvez vous attendre à des désastres semblables.

Revenons sur nos pas : quelques détails de la catastrophe pourront réjouir les dames.

Il ne restait plus vestige de la voiture de vidange. Le conducteur, les employés avaient été réduits en poussière impalpable ainsi que les trois chevaux percherons.

C'est ici le lieu de répondre à une lettre anonyme, fruit de la malveillance, qui nous demande comment le malheureux produit de l'incontinence d'un huissier, Gringalet, avait pu trouver un abri commode entre le croupe et la queue d'un cheval.

A quoi servent ces plates objections ? Qu'opposer à un fait ? Nous méprisons les lettres anonymes. Tel est notre réponse.

D'ailleurs, Gringalet était de petite nature. Il avait eu occasion de rendre un service futile au percheron... Bref, le percheron s'était prêté à la chose.

De ce cheval percheron, en particulier, il ne resta qu'une dent de la mâchoire inférieure. Gringalet, parvenu plus tard aux honneurs, la fit monter en épingle pour témoigner du miracle qui préserva ses jours. Sa dame la porte.

Deux brevetés, le marchand de cirage et le commerçant en colle furent foudroyés sur la porte de leur maison. Ils étaient ennemis, en qualité de voisins : le trépas les réunit. Seize jeunes enfants revenant de l'école à cette heure avancée, par suite d'un gala qui avait célébré le jour de naissance de la pension Tricot, furent massacrés péniblement. Deux amoureux qui causaient, le mari qui les guettait, et la fille de la maison qui profitait de la circonstance pour risquer sa première équipée, reçurent la mort également.

Enfin, ils étaient soixante-treize, pas un centimètre humain de moins.

Un fait curieux et qui rappelle l'aventure historique du fameux docteur Guillotin, tué par sa propre découverte, c'est que M. et madame Fabrice, brevetés, inventeurs du briquet, furent trouvés au nombre des victimes. Ils étaient dans la force de l'âge, et ils s'aimaient.

Bien entendu, nous ne faisons entrer dans ce fatal chiffre de 73, ni les chiens, ni les chats, ni les animaux secondaires.

Quant aux personnages de notre histoire, un instant avant l'explosion, Gringalet avait quitté son poste d'observation. Pourquoi ? Parce que Messa, Sali et Lina avaient cessé leur conférence pour chanter. Gringalet n'aimait pas la musique.

Ne l'en blâmez pas, ce fut son salut.

Au moment même de l'explosion, on avait pu voir mademoiselle de Hachecor, le Rémouleur et le Joueur d'orgues se plonger dans une allée sombre qui faisait face à la Maison du Repris de justice, tandis que Mustapha, plus rapproché de la machine infernale, disparaissait dans un tourbillon de flamme et de fumée. Mustapha fut projeté avec une violence excessive jusqu'à la rue du Parc-Royal où se termine la rue de Sévigné. Arrivé là, il eut la présence d'esprit de se tâter, car il croyait être mort. Rien ne lui manquait, sinon une oreille emportée par la roue de la voiture à vidange. Il revint en arrière pour la chercher, mais l'obscurité l'empêcha de la rencontrer.

Pendant cela, Mandina et ses deux compagnons montaient un escalier étroit, situé au fond de l'allée sombre. Ils comptèrent cent seize marches et s'arrêtèrent devant une petite porte qui avait je ne sais quoi d'énigmatique.

Mandina mit un doigt sur sa bouche et dit :

— C'est là ! J'ai compté !

— Frappez, répliqua Pollux, vous connaissez la façon convenue.

La fiancée du gendarme obéit ; elle frappa quinze coups, ainsi espacés, 5, 4, 3, 2, 1.

Derrière la porte, on entendit un faible bruit.

— Qui vive ? demanda une voix imposante et cassée.

Le Rémouleur répondit :

— Les Malades du docteur Fandango !

Une clef grinça dans la serrure et la porte laissa voir en s'ouvrant une noble tête de vieillard.

C'était Silvio Pellico !

CHAPITRE III

LES JARDINS DE BABYLONE

Il nous reste à dire ce qui advint des trois personnages chargés de crimes, contre lesquels était dirigée la machine infernale : Messa, Sali, Lina, Boulet-Rouge, Arbre-à-Couche et Carapace, autrement dit : les trois Pieuvres mâles de l'impasse Guéménée.

Quand la voiture chargée de gaz délétère éclata, leur première pensée fut de fuir, car jamais vous ne trouverez le vrai courage dans l'âme des traîtres de mélodrame, mais ils n'en eurent pas le temps. Ils étaient, pour ainsi dire, au centre de l'explosion qui les surprit de la façon la plus fâcheuse. Les gaz, prenant de l'air, avec une fureur inouïe, les saisirent tous trois ensemble, les soulevèrent, les firent tournoyer dans l'espace comme des brins de paille, et les lancèrent à trente-deux mètres au-dessus de la maison.

Tancrède, dit Chauve-Sourire, enfermé dans la chambre de Mandina, les vit passer devant la fenêtre avec une vitesse de projectiles. Il put croire que tout était fini pour eux : juste châtiment de leurs trop nombreuses faiblesses.

Mais, parvenus à trente-deux mètres au-dessus du toit, leur pesanteur spécifique, combattant la force de projection, détermina une triple bascule, qui s'exécuta simultanément ; puis, après être restés un millième de seconde stationnaires dans l'infini, Messa, Sali et Lina commencèrent à tomber avec une vitesse graduée, triplée par le carré des distances parcourues, ou peut-être par le carré de leurs poids. Bref, c'est à vérifier.

Quoi qu'il en soit, ils étaient bel et bien flambés. Chauve-Sourire qui les vit à travers les vitres brisées, repasser comme trois boulets de canon leur cria :

— Il m'est impossible d'allumer la fusée volante : méfiez-vous !

Avertissement inutile et tardif.

Mais il y a en ce monde des choses bien bizarres. Ce que nous allons raconter est peut-être trop hardi. Que voulez-vous que nous y fassions ? Les invraisemblances produisent des situations renversantes.

A l'étage au-dessous de la chambre de Mandina, momentanément habitée par Tancrède, il y avait un balcon. En passant près de ce balcon, les trois Pieuvres mâles qui fendaient l'air côte à côte, dans des attitudes diverses, étendirent leurs bras par un mouvement machinal. Leurs mains rencontrèrent la grille du balcon et s'y accrochèrent avec la ténacité du désespoir.

La grille fléchit sous leur triple poids, mais

elle tint bon, en définitive, et ils se trouvèrent suspendus entre le trottoir et le ciel.

Ils étaient un peu étourdis, quoiqu'ils eussent l'habitude des émotions fortes et pénétrantes. Au-dessous d'eux, tout était silence, car la foule des curieux n'avait pas eu le temps de se masser sur le lieu du sinistre.

La première voix qu'ils entendirent appartenait à un sergent de ville, qui disait, modérant la fougue des premiers curieux :

— Tout le monde verra. Pas d'encombrement. En voilà une histoire !

Boulet-Rouge ouvrit enfin les yeux, et voyant la situation de ses deux collègues, Arbre-à-Couche et Carapace, il devina la sienne propre et pensa :

— Ce balcon a été notre ange sauveur !

— Où suis-je ? demanda Carapace avec trouble.

Arbre-à-couche lâcha un large soupir et gigotta. Il se sentait mal à son aise.

Boulet-Rouge déposa sur la pierre, le cercueil d'enfant qu'il n'avait point abandonné pendant cette péripétie. Il était gêné par ce petit meuble. Ayant dès lors ses deux mains libres, il exécuta un mouvement gymnastique, en trois temps, bien détachés, et se trouva debout sur le balcon.

Déjà, en bas, le monde se battait pour voir les corps morts, des bras, des jambes, et l'oreille de Mustapha qu'un antiquaire vola pour l'empailler dans de l'esprit de vin.

Boulet-Rouge aida ses deux compagnons à monter, et ils se trouvèrent bientôt, tous les trois, sains et saufs, en dedans de la balustrade.

Le balcon du second étage de la Maison du Repris de justice était un de ces jardins suspendus, modeste imitation de ceux de Babylone, qui mettent çà et là un sourire aux façades revêches de nos maisons. Il y avait des capucines, des haricots fleurs rouges, des pois de senteur et des cobœas, ces lianes en miniature dont le mièvre feuillage, console et repose les yeux rougis des travailleuses de Paris.

Elles n'ont pas beaucoup d'air, dans leurs mansardes, ces pauvres ouvrières, mais elles cèdent volontiers à ces chers cobœas la moitié de leur air et tout leur soleil, pour avoir pendant les mois d'été, un coin vert où rafraîchir l'inflammation de leurs paupières.

Il vient parfois un moineau dans ces indignes feuillages, et alors tout l'atelier de sourire. L'oiseau égaré leur parle vaguement du ciel libre, des grandes prairies et des haies pleines de chansons qui bordaient la route si longue, si longue...

La route qu'elles prirent un jour pour échanger tout cela contre les puanteurs de Paris.

Nous avons pris la liberté de semer en passant ces quelques phrases bien senties, pour prouver qu'il y a de la poésie dans notre cœur et de la philosophie dans notre cerveau. Nous n'y reviendrons plus. D'ailleurs ces chères exilées ont Bullier, le Moulin-Rouge, le Casino de Paris, Gugusse, Alphonse et l'absinthe.

Une lueur venait à travers les carreaux de la croisée. L'œil perçant de Boulet-Rouge l'aperçut le premier.

— Silence ! dit-il. La destinée nous a conduits dans des lieux habités. A cette heure exceptionnelle, je donnerais mes droits politiques pour un verre de cognac.

— Vains désirs, dit Carapace.

— Nous sommes ici séparés du monde entier, ajouta Arbre-à-Couche.

Boulet-Rouge reprit avec fierté.

— Si grand que soit le danger, je vous sauverai. Après le trouble inséparable d'un pareil accident, mes esprits rentrent dans leur assiette. Je vois les événements d'un œil froid et calculateur. Nous sommes ici sur le balcon des « Piqueuses de bottines réunies », atelier libre...

— Quoi, si près de notre point de départ ? s'écria Arbre-à-Couche avec l'accent de la surprise.

Une idée sanguinolente traversait déjà l'esprit de Carapace. Il murmura :

— Messa, Sali !

— Lina ! répondirent les deux autres.

— Les péripéties les plus inattendues, reprit Carapace, ne doivent jamais nous faire oublier notre devoir. Nous appartenons à M. le duc Rudelame-Carthagène par les liens combinés du crime et de l'économie. J'ai confusément le soupçon que l'atelier des Piqueuses de bottines réunies appartient à la clientèle du docteur Fandango. Consulte la liste, Arbre-à-Couche.

Nous ferons remarquer ici un détail curieux. Quand les trois Pieuvres mâles de l'impasse Guéménée causaient, ils se donnaient mutuellement leurs vrais noms, mais quand il s'agissait de travailler, ils revenaient à ces mystérieux sobriquets composés de *Messalina* dédoublé : Messa, Sali, Lina.

L'attaque règle la défense. Dans le camp opposé, Mandina de Hachecor, Castor, Pollux, Mustapha et le gendarme avaient aussi des professions apparentes qui cachaient des rejetons de l'ancienne féodalité, des banquiers, des artistes et des bacheliers ès-lettres.

Arbre-à-Couche, l'homme aux papiers scellés d'un cachet nobiliaire, fouilla aussitôt dans sa poche avec inquiétude. Il songeait à la culbute exécutée à trente-deux mètres au-dessus des toits. Pendant ce violent travail, ses poches avaient pu se retourner. Il n'en était rien heureusement, aussi s'écria-t-il :

— O providence ! je n'ai rien perdu !...

Carapace répondit :

— J'ai bien gardé ma bouteille de fer-blanc bouchée avec du papier gris-vert.

Et Boulet-Rouge ajouta d'un air pensif en frappant sur son cercueil d'enfant :

— Tout est étrange dans la situation où nous sommes.

Le cercueil d'enfant rendit un son creux difficile à définir. Boulet-Rouge pâlit. L'idée d'un déficit lui traversa l'esprit comme un éclair.

— Mon cercueil se serait-il ouvert à mon insu ? s'écria-t-il.

Il l'ouvrit précipitamment et, le voyant vide, il râla d'une voix étranglée par la mauvaise humeur :

— J'ai perdu mon enfant !

En ce moment, ses yeux brillèrent d'un éclat sauvage. La prunelle des tigres de la jungle, dans l'Inde, ont de ces lueurs étranges dans les nuits tropicales. Une plainte faible, un de ces cris particuliers qui sortent des berceaux et qu'on appelle vagissements, avait frappé son oreille subtile à travers la fenêtre close.

— Ah ! se dit-il en lui-même, ce n'est pas la peine de se désoler. Voilà de quoi remplir ma boîte.

Arbre-à-Couche, qui avait déplié sa liste aux armes de M. le duc, mit un doigt dans sa bouche et imita le cri du coucou avec une incroyable perfection.

Les deux autres n'ignoraient point ce que signifiait ce signal. Ils prêtèrent aussitôt une oreille attentive.

— Ce n'était pas une coupable erreur, dit Arbre-à-Couche. Les petites ainsi dénommées : Les Piqueuses de bottines réunies, usent des drogues du docteur Fandango.

Il y eut un silence, comme après tout arrêt prononcé.

Boulet-Rouge prit sous son aisselle un diamant de vitrier qui ne le quittait point. D'une main sûre il scia un carreau, le détacha et passant ses doigts par le trou, il tourna l'espagnolette de la croisée.

— Les chemins sont ouverts, dit-il.

Sans perdre de temps, ils passèrent et Boulet-Rouge prononça :

— Attendez-moi un instant, ici, j'aperçois le berceau... je vais assassiner l'enfant pour utiliser mon cercueil.

On ne pouvait rien objecter à une pensée si sage.

Boulet-Rouge ouvrit son coutelas...

Juste à la même minute, de l'autre côté de la rue de Sévigné, une fenêtre s'ouvrit aussi au cinquième étage. La tête blanche et vénérable de Silvio Pellico se montra aux rayons de l'astre des nuits.

Tancrède, dit Chauve-Sourire, était toujours prisonnier dans la chambre de Mandina de Hachecor. Il aperçut le célèbre vieillard, saisit son arc, le banda, y adapta une flèche empoisonnée, ajusta et tira.

La flèche partit en sifflant comme une clef. Silvio Pellico poussa un cri de soie déchirée et disparut à tous les yeux !...

Au grenier, une femme, artiste de Montmartre, qui étudiait *la Tour de Nesle*, lança ces mots :

— Il est minuit, la pluie tombe, parisiens, dormez !

CHAPITRE IV

LES PIQUEUSES DE BOTTINES RÉUNIES

Par un contraste habilement ménagé, après tant de sang, tant de larmes, et pendant que Boulet-Rouge va assassiner l'enfant, le lecteur se reposera avec délices en un tableau plein de fraîcheur.

Vingt-cinq piqueuses de bottines, la plupart jeunes, alertes, rieuses et débauchées, étaient réunies autour d'une table malpropre dans une chambre de derrière qui faisait suite à celle où les trois Pieuvres mâles de l'impasse Guéménée venaient de s'introduire par escalade et effraction, à celle hélas ! où se trouvait le berceau.

Elles travaillaient en babillant et en chantant, les brunes, les blondes, les châtaines, les rousses aussi ; elles travaillaient très bien, très vite et de très bon cœur. On ne travaille ainsi qu'à Paris, où la rage du plaisir donne la rage de la besogne.

Il y en avait beaucoup de jolies et beaucoup

de laides, mais les laides avaient ce je ne sais quoi de canaille et de vif, qu'on nomme *du chien*, qui les faisait presque jolies. C'étaient pour la plupart des minois chiffonnés qui n'eussent point supporté l'analyse : des nez retroussés, des fronts bombés, des grandes bouches souvent, montrant des poignées de perles.

Leurs toilettes étaient comme leurs visages, sujettes à caution, mais avenantes et hardies. On n'eut pas vendu le tout pour cinq cents francs peut-être. Hors de Paris, vous n'en auriez pas eu moitié pour un prix fou.

Les noms étaient caractéristiques : les petits noms. Les noms de l'atelier ressemblent un peu à ceux du théâtre : ce ne sont pas les noms de familles.

Peu de Marie, point de Françoise, ni de Madeleine, ni de Jeanne.

Des Anaïs en quantité, des Régine, des Amanda, des Athénaïs, quelques Léocadie, des Irma et des Zuléma.

Elles ont grand honte quand elles s'appellent tout uniment Joséphine.

C'est le contraire ailleurs. Nous avons connu une femme de qualité, morte avant l'âge du chagrin qu'elle avait de s'appeler Léopoldine.

Les noms simples, les noms communs prouvent généralement la race. Où diable voulez-vous que Chiquita soit née !

Il y avait là, onze Anaïs, sur vingt-cinq, et l'on était obligé de les distinguer par des surnoms : Chiffette, Cocarde, Colibri, Œillet d'Inde, Chou-Fleur, Lampion, etc. ; il y avait sept Amanda, quatre Reine et trois Irma.

Leurs plaisanteries, qui les faisaient rire de

si bon cœur, n'étaient pas très variées ; on entendait çà et là :

— Fallait pas qu'y aille !
— Des navets !
— Et ta sœur ?
— Ma sœur ? est à bord d'une chaloupe à vapeur ! avec le chauffeur ! qu'est son abuseur !
— C'est rigolo !
Et autres.

C'est suffisant à les tenir en joie.

Aujourd'hui, la réunion avait un caractère particulier pour un double motif : d'abord on avait entendu l'explosion de la voiture inodore. Anaïs Cocarde, dépêchée en bas, pour savoir ce que c'était, était revenue toute pâle, disant qu'elle n'avait jamais rien vu de si horrible dans le *Petit Journal*. Tout le monde avait voulu se précipiter dans les escaliers, mais Anaïs Chou-Fleur, la gérante, retenant, d'une poigne vigoureuse, Anaïs Chiffette, Anaïs Œillet d'Inde et Anaïs Lampion, avait déclaré qu'avant tout la veille devait être finie.

On obéit bien autrement à une gérante d'association libre, qu'à la « demoiselle » d'une maison ordinaire.

Le second motif était plus intéressant.

Il y avait au centre de la table, une jeune fille qui ne travaillait pas. Celle-là était très belle, mais si pâle qu'elle vous eût fait pitié. Sa toilette avait une simplicité aristocratique et quelque chose en elle rappelait les ingénues de familles princières, persécutées par l'infortune au théâtre de l'Ambigu-Comique.

Nous sommes forcés de remonter au commencement de cette soirée pour expliquer la présence d'Elvire, la jeune marquise fugitive, à la table des Piqueuses de bottines réunies.

Vers sept heures et demie, longtemps par conséquent avant la catastrophe imprévue qui devait plonger soixante-treize familles dans le deuil, la gérante de l'atelier était sortie pour acheter du thé, du sucre et du rhum ; l'habitude étant de s'accorder cette douceur quand la veillée se prolongeait jusqu'à minuit et au delà.

En allant chez l'épicier, la gérante n'avait rien vu d'extraordinaire, sinon une jeune fille donnant le bras à un vieillard de cent et quelques années qui avait une figure de hibou.

Quant elle revint la jeune fille et le vieillard avaient disparu.

Mais comme elle traversait l'allée sombre de la Maison du Repris de justice, elle entendit dans la nuit des gémissements inarticulés.

Avec son thé, son sucre, son rhum, elle rapportait une boîte de ces allumettes bougies dont il serait superflu de faire l'éloge, tant elles ont déjà rendu de services à l'humanité.

Elle eut l'idée candide d'en allumer une et vit alors un spectacle attachant.

La jeune fille et le vieillard de cent et quelques années étaient sous ses yeux.

La jeune fille, étendue sur les dalles de l'allée, venait de mettre au jour de la nuit, au milieu des souffrances les plus atroces, un enfant du sexe masculin, très bien conformé et très viable.

Le vieillard, dont la figure de hibou exprimait une cruauté incalculable, essayait d'une main d'étrangler l'enfant nouveau-né, et de l'autre, de poignarder la jeune fille avec un crik malais d'un travail curieux et manifestement empoisonné.

Une seconde encore, et c'en était fait des deux infortunées créatures.

Anaïs le comprit ; ce n'était qu'une faible femme, douée d'une éducation médiocre et de mœurs relâchées, mais elle avait de l'initiative. Son cœur généreux bondit dans sa poitrine. D'une main elle alluma d'un seul coup toutes ses bougies, de l'autre, elle tint en l'air ce feu d'artifice peu dangereux, mais éblouissant.

Le vieillard, épouvanté, laissa échapper un geste de désappointement et se glissa en rampant vers la rue.

Anaïs le poursuivit pour lui demander son nom et son adresse. Elle ne le vit pas sur le trottoir, mais une voix qui n'avait rien d'humain bourdonna à son oreille :

— Femme imprudente, crains la vengeance du bisaïeul !

— Des nèfles ! répondit-elle dans la gaieté de sa vaillance populaire.

Puis elle revint dans la fond de l'allée, mit l'enfant nouveau-né dans la poche de son tablier et aida la jeune accouchée à monter les deux étages qui conduisaient à l'atelier. Quoique privée de sentiment, l'inconnue avait encore l'usage de ses jambes.

On doit juger de l'étonnement des Léocadie et des Amanda, quand la gérante, ouvrant la porte de l'atelier, fit entrer la jeune mère et tira l'enfant caché dans son sein.

C'était lui qui dormait dans le berceau de la chambre au balcon ; c'était lui que menaçaient les détestables passions de Boulet-Rouge.

S'il avait su...

La gérante dit :

— Mes petits amours, il ne faut pas que ça vous empêche de travailler. Je vais installer la jeune étrangère dans un bon fauteuil et elle va nous raconter ses aventures pour passer le temps agréablement.

— Femme généreuse, murmura la jeune fille d'une voix altérée, quand je devrais vivre cent et quelques années, comme mon trop cruel bisaïeul, je n'oublierai jamais vos bienfaits... donnez-moi, je vous prie, un bouillon...

— Je n'ai que du rhum, interrompit Anaïs.

— Ça me suffira !

Elle but un verre de rhum et parut soulagée par ce cordial.

— Bonté divine, murmura-t-elle ensuite, en versant des larmes abondantes, dans quel abîme une liaison innocente, mais qui a des suites, peut précipiter une jeune personne !

Toutes les Anaïs grillaient de savoir ; les Irma en étaient malades.

L'étrangère s'assit et poussa un soupir de soulagement.

— Femme du commun vraiment magnanime, reprit elle, je vous dois un aveu complet. Racontez un peu à ces demoiselles ce qui s'est passé dans l'allée sombre, cela me donnera le temps de reprendre haleine. Quand vous aurez fini, je prendrai la parole, et vous connaîtrez toute l'étendue de mon malheur.

Elle arrêta la gérante au moment où celle-ci ouvrait la bouche, pour dire encore avec une dignité pleine de réserve :

— Epargnez autant que possible, dans votre

récit, le noble criminel dont vous avez prévenu le dessein pervers. Outre qu'il est respectable par son âge, je lui dois tendresse et obéissance. Il est le père du père de mon père.

— Voilà comme elles sont dans la haute, s'écria Choufleur avec admiration. C'est bête ! Moi, ni une ni deux, j'aurais étranglé le vieux polisson.

Puis employant le langage pittoresque et imagé de la basse classe, elle fit le récit succinct, mais complet du drame de l'allée.

Elle eut un vrai succès et la curiosité ne connut plus de bornes dans l'atelier des Piqueuses de bottines réunies.

Quoique faible encore, n'étant accouchée que depuis un quart d'heure, l'étrangère commença aussitôt :

— La fortune et la naissance ne donnent pas le bonheur, j'en suis un fatal exemple.

Je reçus le jour loin de Paris, au delà de la porte-jaune, entre la ville de St-Cloud et le village de Garches, département de Seine-et-Oise, dans un antique et noble château connu sous le nom de Mauruse.

Loin de moi, la pensée de faire envie à votre pénurie, en vous détaillant le luxe qui entoura mon berceau. Mon père, fils aîné du marquis de Rudelame, qui lui-même était le fils aîné du duc portant le même illustre nom, avait épousé Fanchon de la Roque-Aigurande, descendante et unique héritière des captals de Buch, cadets de la maison de Foix. A l'âge de dix ans, j'avais une poupée qui coûtait 185 louis de 24 francs et ma nourrice portait des boucles de rubis à ses jarretières.

Passons... Je l'ai bien payé plus tard !

Le château de Maruse est une antique demeure perchée au sommet d'une montagne et entourée de précipices sans fond qui rejoignent les fameux étangs de Ville-d'Avray par des percées souterraines. Il fut bâti par Anguerrand de Carthagène qui tua en combat singulier le bailli de Chavanette, derrière Bicêtre, sous Henri II.

Passons... Si je vous disais les diverses illustrations de ma famille, ça vous humilierait et nous n'en finirions plus.

A l'époque de la révolte des peuples, en 1789, mon bisaïeul était déjà un homme de trente et quelques années, bien vu en cour, heureux près des dames, beau joueur et tout à fait bon enfant.

La révolution le surprit à l'improviste. Quand on vint pour piller son château de Maruse, il était à Sèvres pour acheter du tabac. Il n'eut pas le temps de rassembler ses trésors qui furent dilapidés par la multitude. Obligé de partir pour l'émigration avec sa femme et son fils (le père de mon père), il ne possédait que son argent de poche et les boutons de son habit qui étaient en perles fines, heureusement.

Il arriva ainsi à Londres, capitale de l'Angleterre. Son argent de poche, ajouté au prix de ses boutons, lui compléta une somme de 250 guinées, ou si vous le préférez 8.750 francs. Ça vous semble encore un joli denier, mais ma bisaïeule dépensait 50 louis par jour. Le duc de Rudelame-Carthagène l'adorait.

Ce fut pour satisfaire à ses fantaisies qu'il contracta plusieurs mauvaises habitudes dont sa famille devait être plus tard la victime. Il se fit usurier d'abord, puis, les produits de cette industrie ne suffisant pas aux prodigalités de sa femme, il apprit à tromper au jeu, dans les bonnes sociétés. Un jour enfin, emporté par l'envie de faire plaisir à son épouse, il se mit à travailler sérieusement, passa ses examens avec succès, et fut reçu membre de cette importante compagnie : *La Grande Famille* des voleurs à Londres.

Il était là sur une pente glissante, il glissa. Toujours pour procurer à sa compagne idolâtrée des bijoux précieux, des cachemires et des liqueurs fortes, car la duchesse avait contracté un culte tout particulier pour la sobriété anglaise, il fabriqua des poisons, inventa une nouvelle espèce de poignards, destinés à ne pas laisser de traces et se comporta en un mot comme un homme indigne de l'estime générale.

Je suis suspecte de partialité, puisqu'il est mon ancêtre, mais la vérité me force à déclarer qu'il garda toujours une certaine tenue au sein de ses dérèglements. Il ne vola jamais qu'en gros et il faisait exécuter ses meurtres par des employés.

Mais, au moins, la personne en faveur de laquelle il se compromettait ainsi était-elle digne de tant d'amour? Ne l'espérez pas! Madame la duchesse avait de l'éducation ; à part cela, c'était une coquine. Outre son goût pour la boisson, elle allait avec les Ecossais.

Vous entendîtes parler sans doute de Marie Stuart. Si l'Ecosse est l'amie de la France, ce n'est pas une raison. M. le duc ayant appris que la compagne de sa vie prodiguait l'argent

agné avec tant de peine, à des jeunes gens à
la mode, à des musiciens, à son valet de pied,
à trois avocats et même à des militaires, résolut
de se venger. Il acheta l'*Affaire Clémenceau*[1]
et une barre de fer toute neuve qu'il mit rougir
à un feu très ardent pendant quarante-huit
heures, après quoi, il l'imbiba, toute chaude,
de nicotine, de phénol Bobœuf et d'acqua Tafana, mélangés avec de l'assa fœtida et une composition dont notre famille garde précieusement le secret. Elle n'est pas dans le commerce.

Ayant pris ainsi ses mesures, il rentra un soir à son domicile plus tôt que de coutume. Il apportait avec lui une corbeille remplie de vins fins, de liqueurs fabriquées dans divers monastères, de viandes froides, de saucisses et de petits gâteaux.

J'ai dit qu'il était bel homme. Ma bisaïeule, portée sur sa bouche, ne demanda pas mieux que de souper avec lui.

Il fit dresser la table dans une certaine chambre de son hôtel qui n'avait ni porte ni fenêtre. On n'eût trouvé nul part un lieu plus favorable à ses farouches desseins.

Madame la duchesse, sans défiance et remplie d'appétit, le suivit dans cette dangereuse retraite. Le souper commença à huit heures dix minutes. A dix heures on renvoya les domestiques. Au coup de minuit, alors que la coupable et infortunée femme était ivre d'amour et d'anisette, mon bisaïeul prit, au lieu d'un sim-

---

[1] On a sévèrement blâmé cet anachronisme. L'auteur s'en fout l'œil. Il a pour lui ses graves études et sa conscience. Le costume de la vérité, d'ailleurs, ne lui déplaisant point, on ne le verra jamais chercher à la déguiser.

ple couteau à papier, la barre de fer rouge qu'il avait caché sous sa chemise et la lui passa quatorze fois au travers du corps, non sans prononcer des paroles d'amère et vindicative raillerie.

Jusqu'au treizième coup, la malheureuse cria et appela ses militaires.

Il ne me faut pas d'autres preuves pour affirmer qu'elle avait la vie dure. Néanmoins, le duc de Rudelame-Carthagène dut croire qu'il en était débarrassé pour jamais. La suite de cette anecdote montrera si c'était là une chimère...

Ici, Elvire fut prise d'une convulsion, occasionnée par son état.

Les piqueuses de bottines réunies se précipitèrent à son secours.

C'était l'heure où la voiture de vidange inodore arrivait dans la rue. Rien n'annonçait encore une sanglante catastrophe. Les oiseaux dormaient dans les gouttières, la brise faisait tourner les girouettes au sommet des monuments, et les vieux messieurs, sur les trottoirs, suivaient les petites ouvrières.

CHAPITRE V

L. D. F. E. V. — I. A. T. V. — D. E. J. — T.!

La jeune et belle Elvire de Rudelame-Carthagène reprit ses sens, but un verre de rhum et poursuivit en ces termes :

— O mes chères bienfaitrices, malgré la distance qui sépare nos positions sociales, ma reconnaissance ne finira qu'avec ma vie.

Je veux tout d'abord modérer l'étonnement que pourrait vous causer le crime de la chambre sans porte ni fenêtre.

La seule chose surprenante, c'est que mon bisaïeul eût pu garder la barre de fer rouge sous sa chemise. Mais outre que c'était pour l'empêcher de refroidir, nous sommes à Londres.

A Londres on en voit bien d'autres.

Et quant à l'atrocité du forfait, ma famille est depuis longtemps habituée à ne se rien refuser. Le marquis, mon père, s'est amusé une fois à faire le relevé des crimes et délits appartenant en propre à notre maison, depuis le règne de Henri II jusqu'à Louis-Philippe seulement. Il

y a quatre-vingt-un meurtres dont deux pa[r]
cides, sept fratricides des deux sexes, tr[ois]
tanticides, cinq onclicides, treize neveux [?]
niécicides, huit infanticides, vingt-trois ad[ul]
tères, dix-neuf incestes !...

Il y a des instants, s'interrompit ici la jeu[ne]
accouchée avec un désespoir impétueux, où [je]
préférerais avoir reçu le jour au sein de [la]
misère. Ah ! gardez vos mœurs innocemme[nt]
égrillardes, fillettes du commun. Cette atmo[s]
phère de sang et de honte est loin d'être agré[a]
ble, à la longue !

Le lendemain matin, mon bisaïeul cherch[a]
le cadavre de sa femme, car il voulait le fai[re]
embaumer, par un dernier caprice. A sa plac[e]
il trouva un billet ainsi conçu :

« L. D. F. E. V. — I. A. T. V. — D. E. J. — T.[»

Ce mystérieux écrit le remplit d'inquiétud[es]
et d'alarmes. Il se creusa la tête en vain po[ur]
en deviner la signification.

Tant d'initiales accumulées devaient cach[er]
une menace.

Qui donc avait pu entrer dans cette chamb[re]
sans porte ni fenêtre ?

Il y avait la cheminée !

Mon bisaïeul la fit aussitôt fermer à l'ai[de]
d'une grille en acier fondu. — Mais il éta[it]
trop tard.

Il fut malade dangereusement.

A peine remis sur pied, il ordonna à s[es]
nombreux domestiques de regarder sous le[s]
lits et dans tous les tiroirs des commodes.

Le cadavre de la duchesse resta introuvabl[e.]

Cela aigrit d'autant le caractère de m[on]
bisaïeul qui déjà n'était pas trop tendre.

devint cruel, et, dans le silence du cabinet, ses meilleurs amis le surprirent souvent torturant des insectes ou soumettant des animaux domestiques à différents supplices.

En ce temps, plusieurs petits enfants de son quartier disparurent et toutes les recherches demeurèrent sans résultat. Il les avait coupés par morceaux sans utilité apparente. Il avait d'ailleurs bien des motifs de mauvaise humeur.

De même que le cadavre de la duchesse était inrencontrable, de même le mystérieux billet restait intraduisible. M. le duc s'était adressé aux hommes d'affaires les plus habiles; aucun d'eux n'avait pu lui donner le mot de l'énigme.

Il entendit parler un jour d'un personnage étonnant qui passait pour être le fameux Gagliostro, bien que celui-ci fut mort au château de Saint-Léon, dans la campagne de Rome, mais cela ne fait rien à l'affaire; d'autres prétendaient qu'il était le non moins célèbre comte de Saint-Germain, bien que ce dernier fut décédé à Sleswig, qu'importe? La chose certaine, c'est que ce personnage faisait de nombreux miracles. Il avait guéri le catharre de la reine et sauvé un enfant de Pitt et Cobourg qui tombait du haut mal. Londres entier le consultait pour les objets égarés, les cors aux pieds et les engelures.

Il se nommait le docteur Fandango...

Ce nom produisit dans l'atelier des Piqueuses de bottines un effet extraordinaire. Ce fut autour de la table un long murmure.

— Et quoi ! s'écrièrent ensemble plusieurs Anaïs, le docteur Fandango existait déjà à cette époque reculée ?

— Lui, si jeune ! ajouta la gérante.

Et tout l'atelier acheva :

— Lui si beau !

Elvire de Rudelame poussa un long soupir.

— A qui dites-vous, murmura-t-elle, qu'il est jeune, beau, entraînant, irrésistible ? Vous voyez devant vous sa victime !

Second effet, plus fort que le premier.

— L'enfant d'à-côté ?... commença la gérante.

— Il est à lui ! acheva Elvire en baissant ses beaux yeux pleins de larmes.

Vous dire l'émotion que étreignit à la fois tous ces cœurs, est impossible. Le docteur Fandango était un dieu pour sa clientèle.

L'atelier entier se leva, mit une main sur son cœur et s'écria :

— Nous sommes les Malades du docteur Fandango.

— Permettez-moi d'en douter, répliqua Elvire qui prit aussitôt une apparence de froideur.

— Ah ! par exemple ! voulut dire la principale Anaïs.

Mais l'accouchée de l'allée sombre l'interrompit et dit péremptoirement :

— Alors, montrez le cachet !

Il y eut quelque chose d'étrange. Les Piqueuses de bottines réunies se levèrent toutes à la fois et se déshabillèrent.

Les corsages, les jupes, les jupons et jusqu'aux pantalons, tombèrent simultanément.

Abdiquant toute pudeur, les vingt-cinq ouvrières relevèrent ensemble leur chemise et montrèrent un peu au-dessous du nombril le triangle d'un vaccin au milieu duquel était une empreinte chimique, de forme ovale, qui semblait être le résultat de l'application d'un timbre sec, imbibé de matières caustiques. Cette empreinte présentait deux initiales : D. F., surmontées d'un phénix sortant des flammes.

Ce tableau de vingt-cinq jeunes filles portant pour tout costume des bottines, des bas et une chemise retroussée, ne laissait pas que d'être enchanteur.

Si vous avez espéré, toutefois, nous le voir décrire plus longuement et détailler la profusion inouïe de seins fermes et polis, d'épaules de marbre, de cuisses blanches, de hanches rebondies, de fesses grasses, de ventres nacrés, liliacés et luisants, allant se perdre dans l'ombre duvetée formée par les cuisses, que l'on pouvait voir à ce charmant conseil de révision, c'est que bien peu vous connaissez notre réserve.

Aucun homme d'ailleurs n'était présent et nous ne l'avons su que par ouï-dire. Puisse cet aveu nous servir d'excuse.

Dès qu'Elvire de Rudelame eut reconnu le cachet, son visage s'éclaira d'une joie pure.

— C'est maintenant que je remercie Dieu à deux genoux, ô mes sœurs ! dit-elle dans le délire de son allégresse, je suis sauvée !... Mais remettez vos vêtements pour ne point offenser inutilement la décence particulière à notre sexe...

Afin de contenter le désir si légitime de la noble accouchée, les Piqueuses de bottines réunies se revêtirent.

En dépit de sa position malheureuse, Elvire sautait de joie.

— Je vous reconnais ! dit-elle enfin, je suis

4

rassurée. Nous allons bavarder tout à notre aise. Je n'ai pas besoin de vous apprendre désormais que Paris et sans doute l'univers entier, sont divisées en deux fractions : « les Malades du docteur Fandango » et les « Chevaliers de l'élixir funeste » appelés aussi « les Fléaux de la capitale » ou « les Pieuvres mâles » des divers impasses...

Elle s'animait en parlant, et si vous saviez comme elle était belle !

Arrêtons-nous pour tracer son portrait.

Elle avait une de ces beautés saisissantes qui ne ressemblent à rien. Son nez rappelait celui du bisaïeul qui faisait songer au bec des hiboux, son regard était piquant, inexprimable. Rien de comparable à sa bouche, si ce n'est son aisselle qui semblait fouillée par la main d'un sculpteur très habile. La brise était amoureuse de ses cheveux ; elle ne trouvait pas de chaussures assez mignonnes pour son pied et la meilleure ganterie de Paris faisait des miniatures en peau de Suède pour ses mains.

Avec cela, noble, spirituelle, instruite, riche et pure, malgré sa chute.

— Je n'ai pas besoin de vous dire, continua-t-elle plus charmante à mesure qu'elle parlait, que tous les Malades du docteur Fandango se portent bien et meurent d'un accident mystérieux produit par l'ingestion de l'élixir funeste. J'ai pensé parfois que l'homme célèbre et séduisant qui marque à son cachet tous ses clients et clientes pour les reconnaître, n'avait pas réfléchi que c'était un danger, car les fléaux de la capitale profitent de ce signe pour choisir à coup sûr leurs victimes. Mais je ne puis blâmer celui qui se déguisa en porteur d'eau pour me séduire et qui est le père de mon jeune enfant : Virtuté !

Elle reprit haleine, pendant que les filles du peuple essuyaient leurs yeux mouillés.

— Ce qui va être intéressant pour vous, poursuivit-elle, c'est d'apprendre comment s'entama cette grande querelle qui divisa l'univers. Prêtez-moi une oreille attentive.

A l'époque où mon bisaïeul se présenta pour la première fois chez Fandango, cette individualité hors ligne avait une cinquantaine d'années... Ne m'interrompez pas, vos étonnements sont superflus. Cinquante-sept ans après cette date, je l'ai adoré sous un déguisement vulgaire.

Il ne paraissait pas alors plus jeune qu'aujourd'hui. A première vue, on lui aurait donné vingt-huit ans et neuf mois. Depuis lors, il n'a pas vieilli d'une semaine.

Mon bisaïeul le trouva dans son laboratoire, entouré d'un seul livre, d'une fiole, d'une cuvette et d'un cerf vivant qui possédait des cornes d'argent massif.

Tout d'abord, M. le duc de Rudelame fut frappé de sa souveraine beauté, quoique Coriolan (vous savez que c'est le petit nom de cet idolâtré Fandango) n'eut point encore lavé ses mains, ni fait sa barbe. On était au matin, ce qui explique suffisamment cette négligence chez un homme ordinairement propre et même coquet de sa personne.

Le duc de Rudelame le salua et lui demanda si c'était bien au docteur Fandango qu'il avait l'honneur de parler.

A son grand étonnement, ce fut le cerf, doué

de bois en argent massif, qui lui rendit son salut.

Le docteur lui-même restait immobile et muet comme une statue de marbre de Paros.

Mon bisaïeul voulut décliner ses noms et qualités. Le cerf vivant lui ferma la bouche d'un geste froid et lui désigna la cuvette.

Au fond de la cuvette, mon bisaïeul vit, avec une surprise croissante, des caractères qui se formaient sous une couche d'eau plus pure que le cristal.

Ces caractères, une fois devenus distincts donnèrent les mots : Robert, Athanase, Bonaventure, duc de Rudelame-Carthagène, comte de Balamor, seigneur de Mauruse et autres lieux, présentement émigré, tourmenteur de mouches et tueur de femmes !

Mon bisaïeul releva la tête, indigné qu'il était de ce dernier trait.

Le docteur était toujours immobile.

Le cerf vivant remua la patte et ses cornes devinrent d'or.

M. le duc n'est pas un esprit ordinaire, il vit bien qu'il avait affaire à un enchanteur et dévora l'affront. Résolu à user d'une profonde dissimulation, il prononça les paroles suivantes avec aménité :

— O vous, qui êtes, au dire de l'histoire, un des plus grands savants de l'Europe, je m'aperçois que votre talent n'est pas au dessous de votre renommée. Je viens vous consulter et je vous prie de me marquer au timbre que vous mettez sur toutes vos pratiques.

Il tressaillit et regarda tout autour de lui. Il avait prononcé ces derniers mots d'une voix insinuante. Un organe lui répondait. Ce ne pouvait être le cerf, et les lèvres du docteur ne remuaient point.

La voix semblait sortir de la fiole, elle dit :

— Le cachet de la vertu ne prendrait pas sur ta peau. Cesse de feindre. Que veux-tu du maître ?

Mon bisaïeul pâlit et ses dents grincèrent, car il commençait à se fâcher.

Mettant de côté, désormais, toute vaine dissimulation, il tira de sa poche le billet énigmatique composé des treize initiales : « L. D. F. E. V. — I. A. T. V. — D. E. J. — T. ! »

Au moment où le papier parut dans sa main, une harmonie sauvage, mais douce se fit entendre. Elle venait de tous les côtés à la fois. On eut dit que les parois même de la chambre la suintaient.

Mon bisaïeul déplia le papier et lut les initiales distinctement, puis il demanda :

— Pouvez-vous m'expliquer ce que cela signifie ?

La voix répondit oui, dans la fiole, après quoi, elle en sortit pour entrer dans le livre dont les feuilles s'agitèrent vaguement.

La voix dit encore :

— Regarde au fond de la cuvette !

Et l'harmonie sauvage, mais douce se tut instantanément.

M. le duc regarda à travers la couche d'eau pure et put lire ces treize mots qui se rapportaient exactement aux treize initiales.

« Le Docteur Fandango Est Venu. — Il A Tout Vu. — Dieu Est Juste. — Tremble ! »

Les cornes du cerf vivant brillèrent en ce

moment d'une façon peu ordinaire. Si ce n'eut été impossible, vu le prix de la matière, le témoin de tout cela aurait juré qu'elles étaient désormais en diamant.

Il resta un instant abasourdi, sous le coup de tant de choses étranges. Mais ce n'était pas un homme à rester bien longtemps inactif.

Le mystérieux billet avait été trouvé dans la chambre sans porte ni fenêtre, que nous pouvons appeler maintenant, la chambre du monstre. Le docteur était venu là, où tout y faisait allusion au crime ; le docteur avait tout vu, il était maître du terrible secret.

Il faut rendre cette justice à ma famille on n'y a pas froid aux yeux. Le duc regarda son ennemi en face, car il n'y avait pas à en douter, Fandango était son ennemi mortel, et lui dit avec calme :

— Le billet était de vous ?

Autant parler à une pierre. Ni le docteur, ni sa fiole, ni sa cuvette ne répondirent cette fois. Le cerf même resta impassible.

Mon bisaïeul se prit à ricaner et fit tout haut cette réflexion :

— La chambre n'avait ni porte ni fenêtre. Pas de témoins !

L'eau de la cuvette se rida. Sur les treize mots placés au fond, douze s'effacèrent ; il n'en resta qu'un seul :

Dieu !

M. le duc eut froid dans le dos.

Ce fut l'affaire d'un instant ; il ne croyait pas beaucoup en Dieu.

— Que prouvent toutes ces momeries ? Dieu sait peut-être, mais il ne dit jamais ce qu'il a vu ; c'est un témoin peu embarrassant... et si nous allions en justice, mon savant docteur, lequel serait cru le plus aisément : d'un charlatan comme vous ou d'un gentilhomme comme moi !

Point de réponse.

— Madame la duchesse, poursuivit le grand-père de mon père, aimait trop les Ecossais. Quatorze coups de barre de fer rougie au feu et empoisonnée, donnés à travers le cœur, l'œsophage, le diaphragme, le grand sympathique et l'intestin grêle, suffisent à empêcher une femme de qualité de parler. Pensez-vous qu'elle viendrait témoigner contre moi ?

La chambre éclata de rire à ces mots. Je dis la chambre, car ce furent les murailles elles-mêmes, le plancher et le plafond qui produisirent en apparence cette explosion de gaieté. La statue du docteur et le cerf vivant n'y prirent aucune part.

— Sambre goy ! s'écria mon bisaïeul, vous m'impatientez, à la fin. Rira bien qui rira le dernier. Je ne suis pas manchot, mais comme la justice anglaise est confuse et fort imparfaite, je propose la paix... En veut-on ici ?

Le cerf brama d'une façon ironique.

— On veut donc la guerre ? demanda M. le duc.

Cette fois, le docteur Fandango lui-même remua la tête d'une façon affirmative, comme font les biscuits chinois sur les cheminées.

C'en était trop.

Depuis quatre minutes au moins, mon bisaïeul méditait un nouveau forfait. Il avait dans sa poche un crick de Malaisie, empoisonné avec un art extraordinaire et dont la lame, bizautée selon certaines règles mathématiques, faisait des blessures mortelles qui ne laissaient aucune trace.

Sans faire semblant de rien, il introduisit sa main sous le revers de sa redingote, il y prit le crick, et crac, au moment où le docteur Fandango le croyait occupé à préparer sa sortie, il lui plongea l'arme malaise dans le sein gauche jusqu'au manche.

Le cerf bondit pour protéger son patron, mais...

Le coup était donné et d'aplomb!...

Un cri d'horreur interrompit ici la jeune accouchée. Ce cri appartenait à toutes les piqueuses de bottines. Il était arraché par la pensée d'un crick malais empoisonné avec soin et perçant la poitrine du docteur Fandango!

Mais Elvire de Rudelame eut un sourire angélique.

— Jeunes filles du peuple, dit-elle, rassurez-vous. Coriolan ne mourut pas en 1793, puisqu'il est le père putatif d'un enfant né cinquante et quelques années après, jour pour jour.

Ne cessez pas de me prêter l'oreille, voici une situation bien étonnante : ce fut le docteur Fandango qui reçut le crick dans les poumons, mais ce fut mon imprudent bisaïeul qui tomba foudroyé...

Expliquez ça !

CHAPITRE VI

LE PORTEUR D'EAU

Le drame marchait, au dehors. A l'instant où l'accouchée de l'allée sombre posait cette question à son auditoire, l'initiative de Mustapha mettait le feu aux gaz délétères et lançait dans les airs nos trois amis, les Pieuvres mâles de l'impasse Guéménée.

C'est dire assez que nous avons rattrapé l'heure voulue, et que notre histoire va bientôt marcher à pas de géant.

La formidable explosion fit dresser l'oreille à quelques Anaïs, mais tel était l'intérêt excité que personne ne bougea.

— Vous jetez votre langue aux chiens? continua Elvire de Rudelame, employant cette expression familière qui semble une condescendance ou une caresse dans la bouche des grands personnages, vous avez raison, vous n'auriez jamais deviné.

C'est pourtant bien simple, mon bisaïeul tomba foudroyé, non par le tonnerre, c'était au mois de décembre, mais par l'étonnement.

Il y avait de quoi !

Au moment où il s'applaudissait d'avoir plongé son poignard dans la poitrine du docteur Fandango, celui-ci tourna lentement sur lui-même et montra son dos.

Son dos était ma bisaïeule, madame la duchesse de Rudelame - Carthagène, habillée comme le soir du meurtre et portant, depuis la gorge jusqu'à la hauteur des hanches, les quatorze trous produits par la barre de fer rougie au feu et empoisonnée.

La malheureuse était percée comme une poêle à rôtir les marrons de Lyon.

Et au milieu de cet écumoir, sortait la pointe du crick malais que le duc avait planté dans la poitrine du docteur !

Vous sentez bien que je n'ai pas vu cela, j'étais trop jeune, le fait étant arrivé trente-huit ans avant ma naissance, mais je le tiens de la bouche même de Coriolan qui ne saurait proférer un mensonge.

D'ailleurs, il y a une preuve frappante, l'horrible haine de mon bisaïeul contre le docteur Fandango date de là. Il aurait pu lui pardonner une innocente mystification, il ne lui pardonnera jamais d'avoir ressuscité la duchesse.

Car la duchesse vivait.

Vous la verrez par la suite agir comme père et mère.

Si elle parla ce jour-là, M. le duc n'en sut jamais rien, car il se retrouva quelques heures après dans son appartement où il avait été reporté, évanoui, par des mains inconnues. Il ne demanda pas son reste et partit pour les mers polaires où il resta enseveli plusieurs années au sein des glaces éternelles pour laisser étouffer le bruit de son aventure.

En ces pays froids, il n'acquit pas une bonne réputation. Les naturels l'accusaient d'attirer chez lui les petits enfants et même les jeunes filles pour boire leur sang et se nourrir de leur chair. C'étaient des calomnies. Depuis mes plus tendres années, je mange à sa table : jamais je n'y ai goûté de chair humaine. Il faut se garder des exagérations. Hélas ! ce centenaire n'est-il pas assez chargé de crimes.

Il ne mange pas les enfants ni les jeunes filles, mais il les emploie à d'autres usages également domestiques. Leur graisse lui sert à composer des onguents qui prolongent sa coupable existence ; il prend des bains de jeune sang, qui reverdissent sa vieillesse, remarquablement avancée.

Vous frémissez ; moi j'y suis faite...

La fatigue me prend, et nous n'en sommes encore qu'au commencement de la Restauration, je n'aurai pas la force, je le sens bien, de vous raconter l'histoire du père de Mustapha, ni celle de la mère infortunée de Mandina de Hachecor.

Franchissons donc cinquante-six années.

C'était un soir d'automne, dans cet immense palais qu'on nomme l'hôtel de Rudelame-Carthagène et qui décore l'une des rues les plus fréquentées du faubourg Saint-Honoré. L'air était tiède et mou. Les dahlias élevaient vers le ciel leurs parfums fades qui se mêlaient aux subtiles senteurs de l'oignon, dont on sarclait un carré, dans mon jardin, à quelques coudées de ma fenêtre.

L'horloge de Saint-Philippe-du-Roule venait de sonner sept heures.

Ma jeunesse avait été solitaire, je n'avais fréquenté que Timidita, la fille de notre concierge et M. Catimini, mon professeur de piano, qui s'était permis, sur ma personne, une grande quantité de lâches attentats, toujours repoussés par ma candeur alliée à ma pudeur.

Quand mon enfant qui est une fille, aura l'âge des passions naissantes, plutôt que de lui donner l'autre sexe pour professeur de piano, je la plongerai à Saint-Lazare.

Les vibrations de l'horloge se balançaient encore dans les airs, lorsqu'une voix mâle et sonore, prononça sous ma fenêtre, ce cri, bien connu des ménages parisiens :

— Qui veut d'l'eau... au !

La dernière de ces deux diphthongues, montée à l'octave de la première.

Ce cri était d'autant plus inusité dans notre illustre demeure, que nous avions partout l'eau de Seine. Il me jeta dans une étrange rêverie.

Etais-je mûre pour la poésie ? Traversais-je un de ces quarts d'heure bénis, que l'Etre suprême, dans sa sollicitude, a marqués pour le sentiment ? Je ne sais. J'ignore tout. On n'a jamais pu m'apprendre l'arithmétique, mais j'ai mon cœur.

J'appelais Olinda, la première de mes neuf caméristes, et je lui dis :

— Olinda, roule-moi une cigarette, je ne sens plus mon âme !

Elle était grecque de naissance, mais française par le goût des loteries autorisées, dont les gros lots la rattachaient à l'espérance. Elle a perdu depuis, dans ces entreprises, son innocence et ses économies. Pour un franc vous pouvez y gagner des sommes importantes. Mais vous ne voyez jamais arriver cette somme, ni revenir votre franc.

— Olinda, repris-je, d'où vient que la voix de ce jeune porteur d'eau me brûle les bronches et met des battements insensés sous l'étoffe de mon corsage ?

Je ne l'avais pas vu, mais mon imagination désordonnée avait deviné l'homme de vingt-huit ans à son organe enchanteur.

Olinda me répondit :

— Pour faire une connaissance, autant attendre un officier ou quelqu'un de chez l'agent de change. Moi, un porteur d'eau, ça ne me chausse pas !

L'insensée ! Je ne crache ni sur les officiers ni sur les employés de la haute banque ; mais il y a porteur d'eau et porteur d'eau. Ma fièvre me disait que celui-ci était un prince.

Que dis-je, un prince, c'était le Fils de la Condamnée, c'était Coriolan, le mystérieux aborigène des ruines de Palmyre, c'était le docteur Fandango !

Olinda, pure comme l'acier et fidèle autant que lui, me roula une cigarette. Je préférai une prise de tabac, puis un chou à la crème, puis n'importe quelle bagatelle peu coûteuse. J'étais hystérique et fantasque, cela peut arriver à tout le monde.

Ma seconde femme de chambre, Herminie, native du bois Meudon, où elle avait été trouvée au bord de l'eau, dans un foulard démarqué, peu d'heures après sa naissance, probablement entachée d'inconséquences, entra en ce moment et déposa à mes pieds un bouquet de fleurs rares, entouré de papier glacé.

Je tressaillis, car leur odeur attaqua mes nerfs d'une façon à la fois délicieuse et irritante. Je mordis la troisième de mes suivantes et Luciole, la quatrième, une Suissesse sans goitre de la plus grande beauté, ayant témoigné sa surprise, reçut de moi un dangereux coup de pied dans les lombes.

Cela était si éloigné de mon caractère que mes autres confidentes s'enfuirent et ne sont jamais revenues.

A l'intérieur du bouquet de fleurs rares était une lettre en chiffres, accompagnée d'un autre papier qui en donnait la clef.

Si j'avais gardé quelques doutes, ils se seraient évanouis à la vue de cette double précaution, dénotant une grande délicatesse.

— Qui que tu sois, m'écriai-je en moi-même, ô mon jeune inconnu ! tu n'appartiens pas à la simple bourgeoisie.

La lettre était ainsi conçue :

« 17, 34594, 2903549669..... »

Mais il vaut mieux vous la traduire en langue vulgaire :

« Ma chère demoiselle Elvire,

» La génération spontanée est une idée toute moderne. J'ai lieu de croire que j'en suis le produit. Mon berceau fut la solitude sablonneuse et aride. Je n'ai ni père, ni mère, ni oncle, ni tante, ni cousin, ni cousine. Je pourrais prolonger cette énumération, je préfère vous dire en un seul mot que je suis à l'abri de toute espèce de famille. Cela me rend indépendant et pensif.

» Ma famille, c'est l'humanité !

» Vous me demanderez peut-être alors pourquoi on m'appelle « le Fils de la Condamnée ».

» Ceci mérite une courte explication. Vous n'ignorez pas les soins que les Arabes accordent à leurs coursiers. Non seulement ils les nettoient avec minutie, mais encore ils partagent avec eux leur propre nourriture. En outre, ils en éloignent avec sollicitude toute cause de maladie.

» Par une claire matinée de printemps, Saali, la plus belle jument des haras de Ben-Hadour, fut accusée de maladie. Le conseil des vétérinaires du Sahara l'examina et la condamna à être abattue, mais Abd-el-Kader, son maître, chargé de l'exécution, eut pitié d'elle. Il fallait cependant qu'elle disparût, dans l'intérêt des autres cavales.

» Abd-el-Kader lui attacha au cou un sac de dattes et un panier de maïs, puis, l'ayant conduite aux confins du territoire, il lui dit en versant des larmes : « O ma cavale préférée, Allah est Allah ! tu es incommodée d'une maladie incurable. Fuis jusqu'aux ruines de Palmyre où est l'herbe de la guérison. »

» Palmyre, aussi nommée Cadmor, dut son origine au roi Salomon, célèbre par ses dérèglements et sa sagesse. Elle fit un grand commerce de commissions et de transit, sous l'incomparable Zénobie, veuve d'Odenat. Des voyageurs y trouvèrent mon berceau, je suis musulman par mon baptême.

» J'étais né depuis quelques heures au sein même des splendides décombres, sur le seuil d'un palais ruiné qui portait le n° 179 de la rue de l'Euphrate. Quel fut mon étonnement de voir arriver Saali ? On naît médecin. Je la guéris malgré mon peu d'expérience. En retour, elle me nourrit de son lait.

» Saali avait été condamnée par le grand conseil des vétérinaires du Sahara ; j'étais le nourrisson de Saali ; ne vous étonnez plus qu'on m'ait nommé « le Fils de la Condamnée », rien de plus logique...

Ici, l'atelier des Piqueuses de bottines manifesta son mécontentement par des murmures et Anaïs, la gérante, crut pouvoir demander à la belle Elvire :

— Est-ce qu'elle va durer longtemps, la lettre du docteur ?

Léocadie ajouta :

— Elle est drôlement tannante !

Elvire de Rudelame-Carthagène, réprima un mouvement de colère.

— Vous eussiez mieux aimé, filles du peuple, que le suave Fandango eût reçu le jour dans les cachots de l'inquisition ou au pied de la guillotine ! Il vous faut des émotions âcres et poivrées ? C'est bien ! ma position malheureuse exige une grande prudence, je vais abréger.

Saali était musulmane. Quand Fandango fut reçu docteur, il traversa les mers avec elle et vint à Paris.

Saali traîne maintenant le fiacre de Mustapha. Elle est heureuse.

Je passe une grande quantité de pages et j'arrive à la fin :

« Mon passé est un abîme, mon présent un poëme, mon avenir une vapeur !

» .... Voilà pourquoi, ma chère demoiselle,

j'ai pris ce déguisement de porteur d'eau, qui était indispensable.

» Minuit sonnant, à l'aide d'un truc connu de moi, je pénétrerai dans votre chambre à coucher par la cheminée. Si vous vous y opposez, sonnez du cor par trois fois : si au contraire, vous exaucez mes vœux, mettez une fleur de pervenche à votre boutonnière.

» Celui qui vous aime plus que la vie,

» CORIOLAN « le Fils de la Condamnée ».

Je n'ai pas besoin de spécifier que cette lettre ne calma en rien ma fièvre brûlante. Comme j'en achevais la lecture, l'organe de mon séducteur s'éleva au lointain et lança une dernière fois dans l'atmosphère ce cri caractéristique :

— Qui veut d'l'eau... au !

J'appelai Olinda et j'eus des spasmes douloureux sur son sein.

Ma perplexité était indescriptible comme le caméléon lui-même.

Devais-je sonner du cor ou attacher une fleur de pervenche à mon corsage ?

Ma pudeur penchait vers le cuivre, mon amour allait vers la fleur.

Je n'avais jamais vu Coriolan, il est vrai, mais sa lettre dont vous m'avez contrainte à couper la portion la plus attachante, allumait dans mes veines un véritable incendie.

Néanmoins, la pudeur fut en moi, la plus forte. J'allais saisir le cor, lorsque Olinda qui devinait mon cœur, me tendit la pervenche fatale...

— A la bonne heure ! s'écria d'une seule voix l'atelier des Piqueuses de bottines réunies.

— Le sort en était jeté, reprit la jeune accouchée. Je fis un bout de toilette et j'attendis la douzième heure, en proie à des sensations inexprimables.

Minuit sonna. Un bruit qu'il serait malaisé de définir se fit entendre dans le tuyau de ma cheminée.

Malheureusement, elle était à la prussienne. Je m'attendais à chaque instant à voir déboucher mon Coriolan, semblable à un immortel, quoiqu'un peu souillé de suie. Rien ne vint. Le conduit était trop étroit.

Après une demi-heure d'angoisse, pendant laquelle les gémissements inarticulés de mon séducteur me brisèrent l'âme cent fois, Olinda me dit :

— Il n'y a pas à tortiller, il faut aller chercher le fumiste !

L'idée d'un pareil scandale m'arracha des hurlements.

Le fumiste ! à cette heure de la nuit, et qu'allait-il trouver dans le tuyau de la cheminée ?

Il faut avoir passé par ces traverses pour en soupçonner l'amertume.

Mais à de pareilles heures, l'âme se raidit et acquiert un ressort incalculable.

Il me restait quatre confidentes, j'ordonnais à trois d'entre elles de parcourir les corridors de l'hôtel et de verser des narcotiques puissants à tous ceux qui n'étaient pas encore endormis.

Cette précaution me garantissait le mystère.

Quant à Olinda, je l'envoyai chez le fumiste. Elle avait mis un masque pour n'être point reconnue dans l'obscurité.

Moyennant une somme considérable, le fumiste consentit à quitter les moiteurs de son lit et se laissa bander les yeux. En cet état, on le fit monter dans un fiacre sans numéro, et après mille détours, on l'arrêta à la porte de l'hôtel.

Tout y dormait ; l'effet du narcotique avait été instantané : Olinda et le fumiste trouvèrent les corridors jonchés de serviteurs plongés dans le repos.

Ils entrèrent chez moi par une porte dérobée dont nul ne soupçonnait l'existence, et le fumiste ayant ôté son bandeau, je poussai un long cri de satisfaction.

C'était le Rémouleur !

— Je savais tout, me dit-il avec cordialité. J'ai éloigné le vrai fumiste sous un prétexte et j'ai pris place dans son lit, pour le cas où le Fils de la Condamnée aurait besoin de moi... A l'ouvrage !

Il se mit alors à attaquer le mur de ma chambre avec un marteau de maçon entouré de vieux linge, pour empêcher le bruit.

Olinda avait eu une jeunesse déréglée, mais elle n'avait jamais connu le véritable amour. A son regard qui enveloppait le faux fumiste comme une flamme, je devinai le besoin secret de son cœur.

— Jeune Grecque, lui dis-je, veux-tu épouser cet inconnu ?

Elle se jeta à mes pieds et embrassa mes genoux pour cacher son trouble. Je la relevai en murmurant à son oreille avec une caresse :

— Attends qu'il ait démoli le mur, je bénirai votre union.

Le Rémouleur, cependant, éprouva une certaine difficulté à percer ce vieux plâtras. Son marteau rebondit plusieurs fois contre des ossements humains, car le palais de mes ancêtres était presque entièrement bâti avec les produits de leurs crimes. Il retira une grande quantité de squelettes ayant appartenu à de vieilles chanoinesses ou à de jeunes vierges. Aussitôt qu'il eut pratiqué un trou assez grand pour donner passage à un homme, une voix sonore et agréable sortit de la cheminée.

— Qui vive? demanda-t-elle avec anxiété.

— Malade du docteur Fandango, répondit le Rémouleur sans hésiter.

— Aucun des trois Pieuvres mâles de l'impasse Guémenée n'est à l'horizon? demanda encore la voix agréable.

— Aucun.

— La fille de l'assassin de sa famille a-t-elle sonné du cor par trois fois ?

— Non, au contraire, elle a une fleur de pervenche à son corsage.

— C'est bien !... Compagnons de l'humanité, sortez de votre asile !

Aussitôt s'élancèrent du trou le jeune et vaillant Mustapha, mon cousin par alliance, qui dissimule ses ancêtres sous la profession de cocher de fiacre, Simon le joueur d'orgues, Mandina de Hachecor, vêtue d'un domino noir, le véritable Silvio Pellico et d'autres.

L'avant-dernier était le prêtre éthiopien, dont j'ai omis de vous parler jusqu'à ce jour. Je remarquai avec étonnement que cet ecclésiastique n'avait qu'un bras, qu'une jambe et qu'un œil.

Le dernier était le Fils de la Condamnée.

CHAPITRE VII

TRAHISON !

Il faudrait la plume d'or des poètes pour vous dire l'effet produit par l'anecdote des aventures du faux fumiste sur les Piqueuses de bottines réunies.

— Aviez-vous cru, s'écria tout à coup mademoiselle de Rudelame en pleurant, fusse pendant le quart d'une seconde, aviez-vous cru, jeunes filles du commun, que la descendante de mes aïeux, l'amante de Coriolan, était coupable ?

La présence seule du prêtre éthiopien doit vous dire avec quelle régularité les choses se passèrent.

Le docteur Fandango ôta son costume de porteur d'eau ; il avait pardessous des vêtements propres et d'une étonnante magnificence. A son médium était le diamant du Vieux de la Montagne qui lui fut donné par la reine. Tous les ordres étrangers brillaient sur sa large poitrine. Il s'était fait la barbe peu de temps auparavant.

Que dire? Vous connaissez sa beauté. Tous les jolis garçons qui l'entouraient avaient l'air de ses domestiques.

Il mit un genou en terre devant moi et me passa au cou un joyau en corail aquatique, d'un prix extravagant, aussi précieux par la matière que par le travail, en murmurant :

— Vierge adorée, ceci est la croix de ma mère!

Son émotion était maladive. Il ajouta :

— Grâce aux effets du porteur d'eau, j'ai surmonté tous les dangers inséparables de mon entreprise. Désormais, soyons tout au bonheur.

Sur un geste de lui, les lambris de ma chambre à coucher furent immédiatement tendus de satin vert clair, parsemé de bouquets de topaze. On répandit des parfums sur le tapis, tandis que d'autres aromates brûlaient dans les cassolettes orientales. Un autel se dressa en face de la cheminée à la prussienne.

Simon avait apporté son orgue de barbarie, et c'était justement cet objet qui n'avait pas pu passer par le tuyau.

Il joua dessus plusieurs morceaux tendres et anacréontiques.

Puis, le prêtre mutilé d'Ethiopie nous unit devant Dieu.

Il unit aussi, par la même occasion, le Rémouleur et Olinda, ma première confidente.

La cérémonie se passa très bien, sauf un incident, en apparence vulgaire, mais qui aurait dû nous donner à réfléchir. Au moment où le prêtre nègre prononçait sur nos têtes de saintes paroles, en un langage incohérent, il éternua. Nous nous aperçûmes qu'un vent coulis venait du côté des fenêtres ; elles étaient restées entr'ouvertes, on courut les fermer, mais il était trop tard. Le prêtre d'Ethiopie qui n'avait qu'un bras, qu'une jambe et qu'un œil ajoutait maintenant un rhume de cerveau à ces fâcheuses infirmités.

Est-ce pour vous entretenir de ce détail que j'ai parlé des fenêtres ouvertes ? Non ! Au travers des carreaux, le noble Mustapha crut voir une tête de hibou.

Il s'approcha pour mieux regarder et aperçut dans le feuillage des sycomores, plantés en rond autour du bassin de Mercure, une multitude d'ombres humaines et fugitives.

La lune qui se cacha sous un nuage opaque, cessa d'éclairer la nature. Mustapha crut s'être trompé. Il ne parla point. Il eut tort. Un seul mot tombant de sa bouche nous eut épargné un épouvantable péril et neuf mois de tortures atroces, qui me furent particulières et privatives, car mon Coriolan resta libre.

La cérémonie achevée, Mandina de Hachecor qui me servait de dame d'honneur, fit comprendre au reste de l'assemblée que l'heure de la retraite avait sonné. Nos amis s'éloignèrent au son de l'orgue de barbarie qui jouait un air connu, dans les corridors, pour étouffer le bruit de leurs pas.

Coriolan était enfin seul avec son Elvire.

O jeunes filles, mesurez la nouveauté de cette situation. Nous étions mariés, nous nous aimions avec délire, et c'était la première fois que nous nous rencontrions dans le monde !

Mais il avait acheté ma photographie, et sa

brillante renommée me le rendait familier.

Il prit place auprès de moi, sur le sopha, si jeune, si beau et surtout si bon que je m'accoutumai à lui tout de suite, puis le sommeil nous gagna tout doucement.

Puissance divine! Quel réveil nous attendait!

La vision du noble Mustapha, dont il a été précédemment question, n'était pas une chimère. Le visage de hibou, aperçu à travers les carreaux, appartenait à mon bisaïeul, et les formes sombres, perchées dans les sycomores, étaient celles de ses sicaires.

Une de mes confidentes avait trahi notre secret.

Mon bisaïeul, éveillé en sursaut, vers minuit, avait vu près de sa couche cette fille sans entrailles Herminie, native du Bas-Meudon, celle-là même qui m'avait apporté le bouquet de fleurs rares, entouré de papier glacé.

— Pendant que vous dormez, lui dit-elle, imprudent vieillard, votre arrière-petite-fille est en train de se mésallier à un porteur d'eau alsacien.

Le duc bondit hors de ses draps. Il se trouvait devant une personne de l'autre sexe, n'importe, son grand âge le forçant à porter toujours des pantalons de flanelle, il était en état. Il appela ses valets ; ce fut en vain : le narcotique faisait admirablement son office, les tenant enchaînés dans le sommeil. Alors, sachant bien qu'il ne pouvait s'attaquer tout seul au Fils de la Condamnée, il monta au sommet d'une tour et alluma le phare.

Un quart d'heure après, trente-huit à quarante pieuvres mâles des divers impasses de Paris, arrivaient à l'hôtel. Vous avez deviné que le phare était un signal.

Mon bisaïeul les rassembla dans la grotte et leur dit sans préambule :

— J'ai assez vécu pour voir le déshonneur de ma maison. Coriolan Fandango, natif des ruines de Palmyre, en Asie, exerçant la médecine à Paris, sans diplôme, a pénétré dans mon domicile à la faveur d'une veste de porteur d'eau, et s'est uni aussitôt à ma riche héritière.

— Qui vous a révélé ce mystère? demanda le pieuvre mâle de l'impasse Tivoli.

Mon bisaïeul montra Herminie du Bas-Meudon.

Cette infortunée tomba, frappée de trente-huit à quarante coups de yatagan.

— Comme cela, dit la hyène de l'impasse Tivoli, elle ne fera plus de cancans dans le voisinage.

M. le duc approuva d'un signe de tête et reprit :

— Je suis dans l'embarras. Que chacun me donne son avis avec franchise.

Les Pieuvres s'assirent sur les tombes et la délibération commença.

L'ancien professeur de la cité Jarie proposa d'introduire du méphitisme pur dans la chambre nuptiale, à l'aide d'un tube en gutta-percha; Carapace offrit d'inoculer aux deux époux une maladie charbonneuse ; la hyène de l'impasse Tivoli conseilla de les étouffer en faisant tomber sur eux le plafond de leur appartement, mais mon bisaïeul repoussa ces divers expédients comme ayant déjà servi.

On pouvait l'en croire, c'était un connaisseur.

— Dans les veines de la trop coupable enfant, dit-il en parlant de moi, est renfermée la dernière goutte du sang de Rudelame-Carthagène. Je veux la garder vivante, afin de la torturer à mon aise. Boulet-Rouge, la principale pieuvre mâle de l'impasse Guéménée, n'a pas encore parlé. Son expérience m'étant connue, je l'adjure de me fournir un truc pour anéantir le Fils de la Condamnée sans exposer les jours d'Elvire.

Boulet-Rouge se leva. Chacun connaît l'emplâtre de dimension inusitée qu'il porte sur son visage pour éloigner tous les soupçons. Il le repoussa un peu de côté et dit :

— En fait de procédés, on n'a qu'à choisir. Les inventions nouvelles offrent un champ fertile. Il suffira de prendre un fil de métal, bon conducteur, et d'en isoler l'extrémité. Vous ferez passer le fil à travers le corps des deux mariés, en ayant soin toutefois que la partie isolée soit seule dans l'estomac de mademoiselle de Rudelame. Vous enverrez alors une dépêche qui ravira le jour à Fandango, en passant, mais qui, arrêtée par la matière isolante, épargnera l'existence de la jeune et belle Elvire.

La simplicité de cet appareil réunit tous les suffrages. On leva la séance pour s'occuper des voies et moyens.

Pendant que, plongés dans une sécurité trompeuse, Fandango et moi, nous dormions, tout conspirait ainsi contre notre bonheur.

A trois heures et demie du matin, je fus réveillée par un léger bruit. Aux lueurs vacillantes de la lampe d'opale, je vis un spectre à la fois fantastique et plein d'une effrayante réalité. Le plafond était ouvert, le plancher était crevé. Trente-huit à quarante pieuvres mâles surgissaient du sol ou descendaient en rampant le long des lambris, tendus de satin vert clair. Il y en avait qui se glissaient sur le tapis comme des sauriens gigantesques. Il y en avait qui dégringolaient par les colonnes de notre couche.

Au centre de la pièce, mon bisaïeul, que je reconnus seulement à son visage de hibou, car un costume de lancier polonais dissimulait sa vétusté, mettait la dernière main à l'appareil électrique.

Je crus être le jouet d'un rêve jusqu'au moment où on donna le signal, qui était un chant d'alouette, à cause de l'heure matinale.

Mon bisaïeul retroussa aussitôt les manches de son uniforme et se mit en devoir de passer l'appareil au travers de nos corps.

Je ne pus m'empêcher de jeter un cri.

Aussitôt, les trente-huit à quarante yatagans sortirent hors du fourreau, tandis que mon époux, réveillé en sursaut et comparable aux demi-dieux du paganisme, cherchait son revolver afin de se mettre en défense.

Il ne le trouva pas, M. le duc le lui avait volé.

Alors, le Fils de la Condamnée poussa une exclamation terrible, à laquelle répondit le braiment de son cerf vivant qui l'attendait sous la charmille.

— Vampires ! dit-il avec force, coléoptères ! rebuts des civilisations et de l'histoire naturelle, il me reste une ressource.

Et roulant avec rapidité sa cravate autour du cou de l'hyène de l'impasse Tivoli, il l'étrangla comme si c'eut été un enfant naissant.

Les autres conjurés frappés de ce tour d'adresse, reculèrent. Il n'en fallut pas davantage. Fandango s'élança dans la cheminée à la prussienne et disparut à tous les regards.

Presque aussitôt après, on entendit le galop du cerf dans les bosquets, et une voix terrible éclata dans le silence de la nuit. C'était la sienne. Elle disait :

— Je m'éloigne sur mon cerf, natif comme moi, des ruines de Palmyre. Tremblez ! dans neuf mois, l'heure du châtiment sonnera !

— Il est sauvé ! m'écriai-je, je puis m'évanouir.

Et je perdis l'usage de mes sens, au moment où nos ennemis témoignaient de leur désappointement et de leur aigreur.

Quand je revins à la vie, je cherchai en vain la lumière du jour. On avait muré les portes et les fenêtres de ma chambre nuptiale, qui était transformée en tombeau.

Auprès de moi, il y avait un pain de munition, une cruche d'eau saumâtre et des noisettes. J'en cassai une avec indolence. Un papier s'en échappa...

CHAPITRE VIII

ADULTÈRE, INCESTE ET BIGAMIE

Certes, on ne trouverait pas beaucoup de jeunes dames capables de faire, un quart d'heure après leur accouchement, un récit de cette étendue et de cet intérêt. Ceci est une courte réflexion de l'auteur.

— C'était, poursuivit la bru de la Condamnée, car elle avait droit à ce titre, depuis son mariage avec le docteur Fandango, c'était un papier très fin, couvert d'écriture. Bien que je n'eusse point de chandelle, mes yeux habitués à l'obscurité, déchiffrèrent la signature de Boulet-Rouge.

La vue de mes jeunes appas avait adouci cette abrupte nature.

Il me marquait que, si je voulais habiter sa cabane, il consentait à étouffer la mère de ses enfants entre ses deux matelas.

Quel sauvage caractère, je méprisai son ouverture. Coriolan seul occupait mon cœur.

Où était-il ? Que faisait-il ? En quels lieux

son cerf l'avait-il transporté ? Telles étaient les questions que je m'adressais dans mon délire. Combien de fois cassai-je mes noisettes avec émotion espérant une lettre de lui ! Puisque l'impur Boulet-Rouge avait bien eu l'idée de m'écrire par cette voie, Coriolan pouvait de même...

Puérile chimère ! Rien ! Ma situation était pénible et monotone. Je ne voyais personne, sinon le malheureux qui m'apportait chaque matin mon pain de munition, mon eau saumâtre et mes noisettes. On l'avait choisi sourd, muet et aveugle pour m'ôter toute chance d'essayer sur lui mes moyens naturels de séduction.

Les jours passèrent. La pensée d'abréger mon existence germa dans mon cerveau. Je la repoussai : j'étais mère !

La nuit de mes noces, au milieu des transports de son amour, le Fils de la Condamnée m'avait adressé ces paroles remarquables :

— Si jamais, madame Fandango, tu te trouves dans un embarras cruel, monte au dernier étage du palais de tes pères. Emporte avec toi sept bougies et allume-les dans les ténèbres. Je les verrai de loin et j'accourrai à ton aide.

Il avait ajouté :

— Moi, si j'ai besoin de toi, je lancerai dans les airs sept petits ballons rouges. Cela voudra dire : « Viens, je t'attends sous les voûtes du bazar Bonne-Nouvelle pour affaires. »

Hélas ! malgré sa capacité, il n'avait pas prévu que je serais enterrée vivante !

Le quinzième jour du quatrième mois, je

cessai d'être seule ; mon jeune Virtuté commença à s'agiter dans mon sein.

Le matin du jour suivant, je reçus une lettre du vil Boulet-Rouge. Elle était ainsi conçue :

« Toi qui a repoussé mes caresses, veux-tu connaître toute l'horreur de ton sort ? Compte dix-sept feuilles de parquet, à partir de l'endroit où tu es assise, soulève la dix-huitième planche qui recouvre un puits profond, descends dans le puits, tourne à gauche, prends la onzième galerie à droite, monte treize marches, fais le tour de la colonne et cherche un bouton de métal. Pèse dessus de droite à gauche. La colonne s'ouvrira et tu verras ta destinée ! »

Signé : « Celui dont tu as enflammé les caprices. »

J'attendis le soir, et poussée par une curiosité maladive, je comptai les dix-sept planches, je soulevai la dix-huitième. Le puits profond se présenta à mes yeux. J'y descendis et suivis dès lors de point en point l'itinéraire tracé par cet odieux libertin de Boulet-Rouge.

Quand la colonne s'ouvrit, j'aperçus un spectacle fait pour m'étonner. Un immense corridor souterrain était devant mes yeux. Une lampe sépulcrale l'éclairait de lueurs fugitives et montrait à perte de vue son sol carrelé de noir et de blanc comme un tombeau.

A côté de la galerie était un écriteau qui portait ces mots caractéristiques : VICTIMES APPARTENANT A LA FAMILLE DE RUDELAME-CARTHAGÈNE.

Au-dessous, et à droite, un second écriteau disait : CÔTÉ DES HOMMES.

A gauche, un troisième : CÔTÉ DES DAMES.

Il y avait à droite trente cellules creusées

dans le roc, à gauche, trente. En tout, cela faisait soixante cellules. Dans les quinze premières de chaque côté se trouvaient trente cercueils. Sur les trente autres, il y en avait vingt-neuf qui étaient habitées par des créatures vivantes dont les noms étaient tracés sur les portes.

Mon nom était sur la trentième !

J'eus le courage d'ouvrir tour à tour ces vingt-neuf portes pour voir ce qu'il y avait à l'intérieur. J'y trouvai uniformément, auprès des reclus de l'un et l'autre sexe un pain de munition, une cruche d'eau saumâtre et des noisettes. Seulement, on y ajoutait un casse-noix, quand le captif était d'un grand âge.

Et savez-vous quels étaient les habitants de ces niches ? Les fils, les filles, les gendres et les brus de mon bisaïeul : mon père, ma mère que je croyais décédée, mon grand-père, ma grand'mère dont j'avais pleuré le trépas, l'oncle de Mandina, la tante de Mustapha...

Ils étaient enchaînés étroitement. Aucun d'eux ne me reconnut. A l'aide d'une préparation chimique, on leur avait enlevé la mémoire.

Comme je revenais sur mes pas, car j'en avais assez, une voix moqueuse autant que barbare sortit des profondeurs du souterrain. Elle me dit :

— Eh bien ! Elvire de Rudelame, refuses-tu encore la position modeste mais honorable de ma compagne assassinée ?

Cette voix appartenait à Boulet-Rouge.

J'y répondis par le silence de l'horreur...

Le pénultième jour du neuvième mois, qui était avant-hier, ma tombe s'éclaira tout à coup. A sa tête de hibou, je reconnus mon bisaïeul.

Il était accompagné de trois médecins habiles qui m'examinèrent avec attention.

— Cette jeune personne, dit le premier, est dépourvue de toute infirmité. Elle accouchera sous quarante-huit heures.

Les autres prononcèrent des paroles scientifiques et l'un d'eux fit remarquer que mes attraits avaient résisté au pain de munition et au reste.

— Ah! m'écriai-je, ces appas sont mon malheur. Au nom du ciel, donnez-moi des nouvelles de mon époux.

Mon bisaïeul me jeta un regard perçant.

— Qu'on achète une quantité suffisante d'alcool! commanda-t-il, et qu'on prépare un bocal, afin d'y mettre, aussitôt après sa naissance, le petit-fils de la Condamnée.

Il sortit par la brèche qui avait été pratiquée pour son entrée.

D'après un ordre émané de lui, je fus placée sur un brancard et portée au plus haut étage de la maison, afin d'avoir de l'air pendant mes couches.

Vous l'avez deviné.

Quand l'obscurité eut remplacé la lumière du soleil, j'allumai sept bougies que je plaçai derrière mes carreaux. La nuit m'empêcha de voir si les sept ballons voltigeaient dans l'atmosphère, mais, vers minuit, plusieurs chanteurs tyroliens s'arrêtèrent devant l'hôtel. Mon cœur battit. J'avais reconnu Coriolan parmi eux.

Avec une fronde, il lança un caillou jusqu'à ma retraite. Le caillou était enveloppé d'un papier blanc sur lequel étaient écrits ces seuls mots :

« Approchez-le d'un feu ardent. »

J'obéis, et aussitôt d'autres caractères apperurent, formant un billet ainsi conçu :

« L'encre sympathique est connue depuis longtemps ; ce n'est pas moi qui l'ai inventée, mais la prudence m'a commandé d'en faire usage.

» Pendant ces neuf mois, j'ai été fort occupé.

» Au moment où l'incendie s'allumera, tiens-toi prête à jeter l'échelle de soie. Je monterai te chercher avec Mustapha et le gendarme.

» Tu nous reconnaîtras à ces divers signes : Le gendarme aura une pomme d'amour à la place du cœur, Mustapha, un réséda à sa casquette, et moi, le ruban des saints Maurice et Lazare.

» Nous murmurerons tous les trois en arrivant : Paris !

» Tu répondras à voix basse : Palmyre !

» *Coriolan*, « le Fils de la Condamnée. »

Je baisai ce papier avec ardeur, mais il me jeta dans une perplexité insurmontable. De quel incendie parlait mon époux ? Et s'il mettait le feu au palais, que deviendraient les vingt-neuf victimes du souterrain ?

Un adolescent, nommé Gringalet, qui est le fruit d'une faute commise par l'huissier de notre famille, descendit du toit et frappa trois coups à mes carreaux. J'ouvris ma fenêtre.

Gringalet n'eut que le temps de prononcer précipitamment ces paroles :

— Avalez les papiers. Les voilà !

En effet, j'avais encore le billet dans ma gorge, quand mon bisaïeul entra avec l'huissier de la place des Vosges, porteur d'une liasse de parchemins considérables.

Derrière eux, venaient les trois Pieuvres mâles de l'impasse Guéménée.

Derrière encore, de nombreux domestiques avec des tables, des tapis, des sièges, une escabelle : tout ce qu'il faut enfin pour meubler une chambre destinée à servir de tribunal de famille.

M. le duc prit place, sur une sorte de trône, les trois Pieuvres mâles l'entourèrent ; l'huissier de la place des Vosges s'installa à la petite table du greffier et moi je dus m'asseoir sur la sellette.

Les valets furent congédiés.

— Messa, Sali, Lina, dit mon bisaïeul, vous êtes les témoins et l'auditoire. Cette coupable enfant est l'accusée. Mon huissier est le greffier, je suis le juge. Nous constituons une cour de haute et basse justice. J'en ai le droit par les chartes des anciens rois de France.

L'huissier frappa sur ses parchemins. C'était vrai.

Au dehors Gringalet, par des menaces et des pieds de nez, témoignait du mépris, que lui inspirait son père naturel.

— Fille ingrate et perverse, savez-vous dans quel abîme de forfaits vous vous êtes plongée ? demanda mon bisaïeul.

— Je sais que je suis innocente, répliquai-je avec l'assurance de la candeur.

— Innocente ! répéta-t-il, vous allez en juger vous-même. Mon grand-père, le premier duc de Rudelame avait un fils adultérin qui se nommait Inaniquet. Ce fils adultérin étant devenu pubère, séduisit la duchesse, ma mère: je suis né de cet inceste. N'êtes-vous pas la fille de mon petit-fils ?

— Si bien ! répondis-je, pour mon malheur.

— Parfait ! ce Inaniquet est marié à une princesse arabe qui vit en Lombardie. On le connaît dans Paris sous le nom du docteur Fandango !...

— O ciel ! m'écriai-je.

— Vous êtes, par conséquent, la femme du père incestueux, adultérin et bigame de votre bisaïeul ! Je crois qu'un pareil fait ne s'est jamais produit dans les œuvres d'imagination!

— Mais, objectai-je, l'âge de mon Coriolan...

— Il doit sa jeunesse apparente aux prodiges de la chimie, interrompit le duc. Vous sentez bien que vous ne pouvez rester dans un pareil état... Doutez-vous encore ?... Huissier de la place des Vosges, montrez-lui les papiers qui le prouvent.

C'était exact. On me prodigua les preuves authentiques de ma honte.

Mon bisaïeul poursuivit :

— Heureusement, votre mariage est nul comme ayant été cimenté par une moitié d'ecclésiastique ; le prêtre d'Éthiopie n'a qu'une jambe, qu'un bras et qu'un œil... Voici un homme du peuple (il montrait l'odieux Boulet-Rouge) qui consent à donner son nom à votre enfant. Trop pur pour encourir le reproche de bigamie, il s'engage à noyer sa femme instantanément.

— Avec plaisir, dit Messa.

— Et si vous refusez, acheva mon juge, on va faire sur vous l'essai d'un supplice nouveau.

consistant à peler la personne comme une pomme, et à saupoudrer sa chair de poivre rouge...

A cet instant précis, des clameurs confuses s'élevèrent au dehors, et les serviteurs épouvantés revinrent, disant :

— Fuyez, mon seigneur, le palais est en flammes !

CHAPITRE IX

LE GRAND CHEF DES ANCAS

La belle Elvire s'arrêta, suffoquée.

On se souvient de cette particularité qui était alors un mystère : Mandina avait vu le ciel rouge dans la direction de l'occident. Ce n'était pas le château de Mauruse qui était la proie du feu, c'était le palais du faubourg Saint-Honoré.

— Hélas ! reprit la narratrice, je n'étais pas encore sauvée. Cet incendie, allumé par les soins de mon époux, se produisit dans un moment incommode. Entourée comme je l'étais, comment jeter l'échelle de soie qui devait conduire jusqu'à moi mes libérateurs ?

Je fus enlevée par les trois Pieuvres mâles de l'impasse Guéménée, qui me firent sortir du palais par des escaliers dérobés et des couloirs obscurs. Ces souterrains aboutissent au puits de Grenelle.

On m'emmena ensuite à travers les rues. Messa, Sâli et Lina nous quittèrent pour affaires ; je ne sais ce que devint l'huissier de la place des Vosges. Rue de Sévigné, je fus prise des douleurs de l'enfantement, et vous savez le reste. Plaignez mes infortunes.

Nous renonçons à peindre la physionomie générale de l'atelier des Piqueuses de bottines réunies, à la fin de ce récit aussi long que surprenant.

Nous préférons revenir en toute hâte à la chambre voisine où le sanguinaire Boulet-Rouge se préparait à immoler le nouveau-né. Messa, Sali et Lina ignoraient la série des circonstances qui avaient amené Elvire et son fils, Virtuté, à la Maison du Repris de justice. Ils ne savaient même pas que la malheureuse jeune femme fut accouchée.

En quittant M. le duc, ils étaient allés tuer quelques malades du docteur Fandango, pour accomplir le traité qui les obligeait à fournir tous les jours soixante-treize victimes. Ce chiffre n'avait pour eux rien d'exagéré. L'habitude est une seconde nature.

S'ils avaient pu deviner qu'ils étaient là en présence de Virtuté, le petit-fils de la Condamnée, destiné, dès son entrée dans la vie, à périr dans de l'esprit de vin, ils n'auraient pas hésité, mais ils le prenaient pour un enfant du commun, fruit insignifiant d'une piqueuse de bottines et d'un prolétaire. Ils ne se pressaient point, d'autant que la frêle créature ne portait pas encore la marque particulière du docteur Fandango.

Boulet-Rouge était indécis sur la manière dont il allait l'immoler. Il avait le choix entre le poignard, le poison, ou la strangulation ; il pouvait aussi lui appliquer un masque de poix.

sur le visage ou lui chatouiller la plante des pieds jusqu'à extinction. Il préféra lui enfoncer une aiguille anglaise dans la tempe, parce que cela ne laisse pas de trace.

Pendant qu'il prépare, en se jouant, l'exécution de ce forfait, nous passerons de l'autre côté de la rue de Sévigné et nous introduirons le lecteur dans la retraite modeste du célèbre Silvio Pellico.

Ce respectable vieillard avait été ressuscité par le docteur Fandango au moyen d'un procédé occulte. Il avait compris que les détails de sa mort et de sa captivité compromettaient son honorabilité dans sa patrie, et il était venu s'établir à Paris.

Sa succession ayant été recueillie par ses héritiers, il vivait des bienfaits du généreux Mustapha qui l'avait adopté pour aïeul.

Sa demeure servait souvent de lieu de réunion aux loyales natures qui défendaient la cause du Fils de la Condamnée.

Ce soir, nous n'avons pu l'oublier, c'était chez lui que Mandina de Hachecor, le Rémouleur, le Joueur d'orgues et le Cocher de citadine avaient cherché un asile, après l'explosion de la machine infernale. Ils y trouvèrent le gendarme et quelques autres bons cœurs, réunis autour d'Olinda, la jeune Grecque, ancienne première confidente d'Elvire. Elle était en mal d'enfant, parce que, mariée à la même heure que sa maîtresse, elle devait accoucher à la même époque. Telles sont les lois imprescriptibles de la science.

Une scène attendrissante eut lieu dans cette étroite enceinte. Quand le vénérable Silvio

Pellico vit que Mustapha était veuf d'une oreille, il se livra aux marques du plus violent désespoir.

— Personne ne sortira d'ici avant d'avoir été fouillé avec soin, s'écria-t-il en proie à une animation peu ordinaire. Il faut que l'oreille de mon jeune bienfaiteur se retrouve. Et d'abord quelque traître ne se serait-il pas glissé parmi nous ?

— Nous avons déjà échangé les signes convenus, objecta Mandina.

— Jeune insensée, répliqua Silvio Pellico, la vie a-t-elle été toujours sans reproches ? Le gendarme a-t-il à se louer de ta conduite ? Tu n'as pas la parole. Ignores-tu à quel point est aujourd'hui poussé l'art de déguisement ? Dans une assemblée secrète, il serait bon maintenant de varier toutes les dix minutes les signes et les mots d'ordre. Une pieuvre mâle, un chacal, un mohican, un habit noir, une casquette verte, peut prendre à chaque instant la taille et le visage de l'un de nous. Penses-tu ce qui arriverait, si les Fléaux des divers impasses parvenaient à pénétrer nos secrets !

Tout en parlant, il lavait avec son mouchoir imbibé d'un précieux vulnéraire, la place où était autrefois l'oreille droite du loyal Mustapha.

Chacun respectait sa douleur. Il reprit :

— L'homme a besoin de deux oreilles. Une seule oreille est contraire aux lois de la symétrie. Mustapha, ou plutôt Faustin d'Apreval ! car après un pareil malheur, je ne saurais plus dissimuler ton antique et illustre origine, quelle figure vas-tu faire auprès de la princesse ton amante ?

Les assistants écoutaient stupéfaits.

Le gendarme fit un pas en avant.

— Si vous êtes véritablement Faustin d'Apreval, dit-il, ma mission est accomplie !

— La mienne aussi ! s'écria le Rémouleur qui ôta sa perruque rousse et laissa voir des cheveux châtains de la nuance la plus chatoyante.

L'ecclésiastique Éthiopien demanda un couteau.

Ayant fendu sa soutane, il en retira un bras d'abord, puis une jambe, tous deux bien conformés, puis, il enleva un appareil ingénieux qui recouvrait un de ses yeux, puis enfin, dépouillant une peau factice dans laquelle il vivait depuis longtemps, il apparut blanc et propre à tous les regards.

— Amoroso ! murmura Mandina prête à se trouver mal.

Le Joueur d'orgues, sans y songer, exécutait sur son instrument un des morceaux les plus émouvants de la *Marseillaise*.

Silvio Pellico avait tout compris.

Il étendit ses mains tremblantes et dit :

— Je puis mourir à nouveau, puisque j'ai vu réunis encore une fois les cinq enfants de l'odalisque !

— Les six soupira Olinda qui avait achevé dans un coin le travail de sa délivrance et qui bondit au milieu du cercle avec un bel enfant dans ses bras.

Cela mit un froid.

Silvio Pellico prononça les paroles suivantes à voix basse :

— Si Olinda est la fille de Princessina,

l'odalisque Maugrabine, elle a épousé son frère ; ce n'est pas convenable.

— Parle ! ô mon époux, s'écria la jeune grecque avec un sourire angélique. Hâte-toi de dissiper leurs soupçons.

Le Rémouleur fit un geste pour réclamer le silence.

— Grâce au souverain arbitre de l'univers, dit-il, nous avons évité ce piège. La nuit des noces, et au moment même où j'entrais dans la couche nuptiale, ma sœur reconnut à mon cou le portrait du grand chef des Ancas qui me fut légué par notre mère. Elle poussa un cri et se rhabilla...

— Mais l'enfant !... interrompit Silvio non sans défiance.

— Votre âge avancé ne vous donne pas le droit de me couper la parole, répliqua le Rémouleur. J'allais expliquer l'enfant. Ma sœur s'agenouilla près de moi et m'avoua que, la veille, elle avait cédé à l'amour d'un inconnu, qui devait la conduire à l'autel le lendemain. Comme ce lâche imposteur manquait à ses serments, Olinda...

Il fut interrompu par plusieurs coups vigoureux frappés à la porte.

— Qui vive ? demanda aussitôt Silvio Pellico.

— C'est moi ! répondit une voix qui fit tressaillir la jeune Grecque.

— Cet organe... commença-t-elle.

— Moi, poursuivit la voix, Frigolin de Torboy, qui, empêché il y a neuf mois par une circonstance imprévue, n'ai pu venir au rendez-vous.

— C'est lui, s'écria Olinda, c'est le père de Zélida !

Elle pressait l'enfant contre son cœur.

Silvio Pellico fit remettre les divers déguisements, car il n'oubliait jamais les conseils de la prudence, et l'on ouvrit la porte au véritable époux d'Olinda, qui reconnut son petit, séance tenante.

Il portait le costume des droits réunis, mais c'était un mensonge. Ses parents étaient propriétaires et référendaires à la Cour des comptes.

Silvio Pellico réfléchissait.

— Otez de nouveau vos déguisements ! ordonna-t-il.

Et quand on lui eut obéi :

— Nous devons redoubler de précautions, parce que j'ai une importante ouverture à vous faire.

— Pour ne point blesser la pudeur, continua-t-il au bout d'un instant, messieurs, vous tournerez le dos aux dames ; mesdames, vous regarderez du côté où ne sont point les hommes, puis vous vous déshabillerez complètement afin de me laisser constater si vous portez tous le cachet particulier du Fils de la Condamnée. J'ai été cruellement trompé en ma vie. Je tiens à n'être plus victime d'aucune erreur. Mon grand âge m'autorise à faire cette constatation, sans offenser l'un ni l'autre sexe.

On lui obéit encore, mais en murmurant.

Aussitôt qu'il eut vu et contrôlé tous les cachets, il ouvrit ses bras et dit avec une émotion qui allait jusqu'au transport :

— Dans mes bras ! sur mon cœur ! tous ! tous ! Puisqu'il ne reste plus aucune énigme à deviner, je vais vous faire une dernière surprise, ô mes enfants ! reconnaissez l'auteur de vos jours. Je suis le grand chef des Ancas ! je suis le veuf de Princessina, l'odalisque Maugrabine !

Il est plus facile de se représenter l'effet de cette péripétie que de l'exprimer par des paroles.

— O mes enfants, se reprit tout à coup le vieillard, que la vieillesse vous rend donc léger et abominablement inconséquent. L'état de nudité dans lequel je viens de vous mettre en est une preuve évidente. Baissez les yeux, mes filles, et ne regardez pas ainsi vos frères ! Mes fils, baissez les yeux et gardez-vous de détailler ainsi vos sœurs ! Vite, reprenez vos vêtements.

Pendant qu'elles se rhabillaient, le vénérable ancêtre leur expliqua que, craignant les cancans, il s'était réfugié au Chili, que les Araucaniens l'avaient choisi pour leur roi, etc., etc.

Mais nul n'est parfait, au milieu de l'allégresse générale, ce vieillard entêté, reprit son idée fixe.

— Tout cela n'empêche pas, s'écria-t-il, que le généreux Mustapha n'a plus qu'une oreille. Maintenant qu'il est mon fils aîné, je tiens de plus en plus à ne pas le laisser dans cet état.

— J'ai sur moi une colle spéciale, dit le nouvel époux d'Olinda, j'en donnerais volontiers un morceau pour être agréable à mon beau-frère. Si on pouvait savoir où est l'oreille....

Il n'eut pas le temps d'achever. Silvio, leste pour son âge, s'était élancé vers son armoire qui s'ouvrait, bien entendu, à l'aide d'un bouton caché dans le mur. Il en retira une longue-vue, sur l'enveloppe de laquelle les initiales

J. F. G. L. P. indiquaient qu'elle avait appartenue au malheureux navigateur Jean François Galoup de la Pérouse, commandant l'*Astrolabe* et la *Boussole*, mort en 1785, aux îles Vanikoro.

L'ayant développée à son point il se mit à la fenêtre et examina le pavé de la rue de Sévigné, pour voir s'il n'y découvrirait point l'oreille de Mustapha.

C'était juste au moment où Messa, Sali et Lina entraient dans la chambre au berceau, chez les Piqueuses de bottines réunies.

Nous avons noté comme quoi Tancrède, dit Chauve-Sourire, prisonnier chez Mandina à l'étage au-dessus, banda son arc et décocha une flèche à l'adresse de Silvio Pellico.

Cette flèche ayant traversé les airs atteignit le vieillard à la tête et lui coupa net l'oreille droite.

Loin de se lamenter, il poussa un grand cri de joie et revint vers sa famille en tenant son oreille à la main.

— Jeune étranger, dit-il à Frigolin de Torboy, ô mon gendre, préparez votre colle et que cette oreille appartienne désormais au noble Mustapha, pour prix de ses bienfaits.

Celui-ci voulut refuser, mais Silvio poursuivit :

— Ma carrière est fort avancée. Peu importe que je la termine avec une seule oreille puisque j'ai renoncé à l'amour depuis que Princessina n'est plus. Accepte cette oreille, mon fils, c'est celle d'un vieillard, elle écoutera les conseils de la prudence. En outre, tu n'auras plus besoin désormais de faire à tout bout de champ des signes pour te faire reconnaître. Il nous suffira de relever les belles boucles de tes cheveux et de voir mon ancienne oreille, pour constater ta présence à l'instant même.

Mustapha consentit enfin. Comme le nouvel époux d'Olinda achevait l'opération du collage, les regards de Mustapha se portèrent par hasard vers les fenêtres de l'atelier qui faisait face.

— Avez-vous du vieux linge ! s'écria-t-il d'une voix de tonnerre.

On ne le comprit point d'abord.

— Avez-vous du vieux linge ? répéta-t-il en proie à une exaltation croissante, du papier, de la laine à matelas, des chiffons, n'importe quoi ?...

Chacun le crut fou, mais sans s'arrêter à combattre cette erreur, il déchira les rideaux du lit et s'en fit une sorte de turban fort épais.

Puis, reculant de plusieurs pas pour prendre son élan, il dit d'une voix tonnante :

— Il faut sauver madame Fandango, ou mourir !

En même temps, il sauta par la fenêtre.

La famille de Silvio Pellico, que nous appellerons maintenant Grand chef des Ancas, le vit traverser l'espace. Sa tête alla frapper la fenêtre de la croisée des Piqueuses de bottines et l'enfonça.

C'était pour éviter le choc, inséparable d'une pareille entreprise, qu'il avait demandé du vieux linge.

CHAPITRE X

L'EAU QUI CHANGE LES PHYSIONOMIES

Grâce à la précaution qu'il avait prise de faire un turban épais avec les rideaux du lit, le noble Mustapha entrant ainsi chez ses voisines à travers le châssis brisé d'une fenêtre, n'éprouva d'autre mal qu'un léger étourdissement, et même son oreille de vieillard récemment collée ne bougea pas.

Pour expliquer la soudaineté désespérée de son acte, il nous est indispensable de retourner un peu en arrière.

Après le récit d'Elvire de Rudelame, bru de la Condamnée, la gérante avait fait le thé, beurré les tartines et mis le couvert. Pendant cela Boulet-Rouge, toujours perplexe, repassait dans sa tête les divers moyens de détruire le nouveau-né.

Carapace et Arbre-à-Couche tournaient leurs pouces en causant des multiples événements de cette journée.

Tout à coup, l'odeur du thé pénétra dans la

chambre par les fissures de la porte. Boulet-Rouge ouvrit de larges narines et dit :

— Je vais mettre l'enfant vivant dans le cercueil. M. le duc aimera peut-être mieux l'avoir ainsi, pour jouir de ses souffrances. Allons prendre une tasse de thé.

— Y penses-tu? s'écria Lina, nos visages sont connus...

— As-tu oublié l'eau qui change les physionomies? interrompit Boulet-Rouge en haussant les épaules. Elle ne me quitte jamais. Approchez, je vais vous rendre méconnaissables.

Il tira de son gousset un flacon clissé et versa dans le creux de sa main quelques gouttes d'un liquide jaunâtre, dont rien ne saurait dire l'odeur. Il passa cette préparation sur son visage qui prit aussitôt l'expression d'un maraîcher.

Arbre-à-Couche et Carapace ayant subi une opération semblable ressemblèrent incontinent, le premier à son concierge, le second à une poire tapée.

Boulet-Rouge remit son flacon clissée dans sa poche et dit :

— La pharmacie fait d'étranges progrès. On vend maintenant des pilules graduées et numérotées de 1 à 43. Ce n'est pas cher. Le numéro 1 tue en une seconde, le numéro 2 en deux jours, le numéro 3 en trois, le numéro 8 en une semaine, le numéro 30 en un mois, et ainsi de suite. Chaque boîte est accompagnée d'une cédule werrant qui assure le remboursement et une indemnité, en cas de retard... Etes-vous prêts ?

— Que faudra-t-il dire

— Il faudra dire comme moi... marchons !

Les Piqueuses de bottines réunies et surtout la jeune accouchée tressaillirent, à la vue des trois Pieuvres mâles de l'impasse Guémenée entrant ainsi dans l'atelier par une chambre qui n'avait pas d'issue. Mais l'eau qui change les physionomies avait produit un si merveilleux effet qu'Elvire ne les reconnut point. Néanmoins, à tout événement, elle couvrit son visage d'un voile très épais.

Messa, Sali et Lina saluèrent poliment.

— Qui êtes-vous ? demanda la gérante avec défiance.

— Des passants, répondit Boulet-Rouge d'un air aimable.

— Etes-vous venus par la fenêtre ?

— Précisément !

Et alors Boulet-Rouge raconta, avec une grande affectation de bonhomie, comme ils avaient été lancés par l'explosion à trente-deux mètres au-dessus des toits, comme quoi ils s'étaient accrochés au balcon, etc., etc.

C'était aussi vraisemblable, pour le moins, que les aventures consignées quotidiennement dans les œuvres d'imagination dont les Amanda, les Irma et les Anaïs nourrissaient leur jeune intelligence en lisant le feuilleton d'un des cent mille exemplaires du *Petit-Canard*. Elles trouvèrent cela tout simple, et la gérante se leva pour ouvrir aux trois inconnus la porte de l'escalier.

Mais ce n'était pas le compte des trois Fléaux de la capitale.

Boulet-Rouge reprit avec un sourire agréable :

— Nous sommes trois bons bourgeois, riches

et même à notre aise. Pourquoi le hasard, qui nous a conduits dans ce charmant séjour, n'aurait-il pas de suites? Célibataires tous trois, nous cherchons des fiancées dans Paris...

— Asseyez-vous, messieurs, interrompit la gérante.

Ils prirent place à table. Boulet-Rouge dissimulait avec le plus grand soin son cercueil d'enfant qui aurait pu le trahir.

Et à propos d'enfant, on s'étonnera peut-être de voir Elvire s'occuper si peu du sien. Elle était mère depuis une heure à peine. Elle n'en avait pas encore l'habitude.

Une gaieté franche et pleine d'abandon régnait en apparence dans l'atelier, mais, de temps en temps, Boulet-Rouge échangeait, en dessous, un sanglant regard avec ses complices.

Toutes ces malheureuses jeunes personnes étaient condamnées à mort par leur imprudence.

Au bout d'un quart d'heure, Boulet-Rouge s'écria :

— Vous avez pu juger l'amabilité de nos caractères. Ne faisons pas usage de l'étiquette du faubourg Saint-Germain, où l'on est des cinq et six jours avant de faire connaissance. Marions-nous tout de suite !

— Hélas ! pensa Elvire sous son voile très épais, nous ne perdîmes pas beaucoup de temps non plus, le Fils de la Condamnée et moi !...

Et sa tendre imagination lui rappelant tous les détails de la nuit de ses noces, elle tomba dans la rêverie.

Messa, Sali et Lina étaient des scélérats sensuels et déréglés qui joignaient volontiers au meurtre la débauche la moins excusable. Ils reculèrent la grande table à ouvrage afin de faire de la place, et bientôt l'atelier des Piqueuses de bottines réunies fut le théâtre d'un bal particulier, excessivement libre, où les gestes trop hardis se mêlaient aux plaisanteries du plus mauvais goût.

Cette petite fête de famille devait énormément influer sur le caractère et l'avenir d'une Anaïs, d'une Irma et d'une Zuléma. Ces trois jeunes personnes se reconnurent alors un talent chorégraphique dont elles n'avaient pu jusque là se faire une idée. Elles eurent depuis un certain succès dans les bals de mauvais aloi et triomphèrent bellement, grâce aux savantes exhibitions des dessous de leurs jupes, bien avant celles que la danse décadente de nos jours a surnommé *Sauterelle* et *Grille d'Egout*.

Dans cette cohue, vous augurez quelle devait être la gêne d'Elvire.

Afin de n'être point embarrassé dans ses mouvements, Boulet-Rouge déposa sous la table son cercueil d'enfant. Personne n'y faisait attention. Tout le monde était au plaisir, et la gérante, nous avons le regret de l'avouer, donnait l'exemple de l'inconvenance.

Après la polka et le quadrille, les Irma, les Anaïs et les Amanda, demandèrent à boire.

D'un coup d'œil rapide, Boulet-Rouge rassembla autour de lui ses compagnons et leur glissa ces mots à l'oreille :

— En avant l'élixir funeste !

Puis tout haut, il s'écria, s'adressant à ces demoiselles :

— Il est une liqueur délicieuse inventée

dans le silence du cloître par de saints religieux. Nous en portons avec nous quelques faibles échantillons. Le rhum est bu, mes charmantes, et le thé sans alcool est un breuvage des plus fades. Permettez-nous de payer notre écot en vous offrant une goutte de Carmélite, bien supérieure aux liqueurs de Chartreuse et de Bénédictine que l'on trouve dans le commerce.

— Payez ce que vous voudrez, répondirent les folles filles. Le plus sera le meilleur.

Alors Lina tira de sa poche la sinistre bouteille de fer blanc, tandis que Messa et Sali atteignaient leurs petits flacons en métal d'Alger.

Les malheureuses tendirent leurs tasses de thé, c'en était fait d'elles. Lorsque sous la table, du sein du cercueil d'enfant, un faible cri s'éleva.

Vous ne connaissez pas le cœur des mères !

Ce cri suffit pour rappeler au souvenir d'Elvire la naissance récente de son cher fils Virtuté.

Elle se mit sur ses jambes tremblantes arracha son voile et s'élança, semblable à une lionne, dans la chambre voisine où était le berceau.

Son mouvement avait été rapide comme l'éclair, mais rien n'échappait à Boulet-Rouge.

Ce malfaiteur imita le chant de la pieuvre femelle, appelant ses petits dans les profondeurs de l'Océan. Arbre-à-Couche et Carapace connaissaient ce signal qui annonçait une péripétie de premier ordre. Ils ouvrirent des oreilles attentives et Boulet-Rouge leur dit :

— Le voile épais cachait la bru de la Condamnée. L'héritier combiné de l'immense fortune des Rudelame et des magnifiques économies du docteur Fandango est dans mon cercueil !

A ce moment, l'infortuné Elvire trouvant le berceau vide, poussait un cri d'horrible douleur :

— Virtuté ! Virtuté !

Mais à ce cri, de l'autre côté de la rue, dans la retraite du vénérable Silvio Pellico, un second cri répondit :

— Avez-vous du vieux linge ? avait demandé le généreux Mustapha.

Il avait tout vu !

D'un coup d'œil et grâce à un rayon de lune, il avait reconnu la jeune madame Fandango et dans l'atelier même, trois des plus méchants carnassiers des impasses : Messa, Sali, Lina !

Nous devons spécifier ici, que l'eau pour changer les physionomies n'a pas un effet très durable. Il faut renouveler souvent.

Les trois Fléaux, d'ailleurs, voyant que la catastrophe approchait, ne prenaient plus la peine de dissimuler leurs pénibles desseins. A l'instant où le noble Mustapha les apercevait, ils tiraient de leurs poches, sans se gêner aucunement, des poignards, des armes à feu, quelques massues, des cordons à étrangler, des boulettes et même une certaine quantité de charbon d'Yonne, propre à déterminer l'asphyxie, pour le cas où tous les autres moyens leur manqueraient.

Nous savons que l'éminent cocher de citadine ayant franchi la rue de Sévigné passa au travers des châssis de la fenêtre comme un boulet de canon, sans se faire aucun mal.

Ce que nous ignorons, c'est qu'avant de pénétrer dans l'atelier, il se débarrassa de ses vieux linges.

Ce que nul ne peut deviner, c'est l'effet produit par son aspect soudain et complètement inattendu sur les trois Fléaux de la capitale, surpris ainsi dans l'exercice de leur coupable industrie.

Ce fut l'effet de la tête de Méduse !

Ce fut l'effet de la statue du commandeur !

CHAPITRE XI

LA CONDAMNÉE !

Dès sa plus tendre enfance, M. le duc de Rudelame-Carthagène avait eu cette tête de hibou. A l'école, autrefois, avant la Révolution, ses jeunes camarades l'appelaient le grand-duc, par allusion à l'oiseau qui porte ce nom. Ces railleries du premier âge sont dangereuses; elles avaient peut-être influé sur toute la carrière de l'aïeul d'Elvire. A cet égard, néanmoins, nous n'affirmons rien.

En quittant la jeune accouchée de l'allée sombre, où il n'avait pu assouvir sa cruauté, il remonta la rue de Sévigné, cherchant un homme du commun à qui il put emprunter son costume.

Il en avait besoin pour ses projets.

Non loin de là, rue du Port-Royal, il aperçut un commissionnaire assis sur une borne. Il le tua aussitôt d'un coup de fusil à vent et le dépouilla pour se revêtir de ses hardes.

L'air était tiède et lourd. Le bisaïeul d'Elvire

évita un rhume grâce à cette circonstance.

Il entra dans une taverne de l'impasse du marché Sainte-Catherine, où ses habits de duc lui auraient nui. Dans cette taverne se réunissaient habituellement les ennemis du docteur Fandango qui demeuraient dans le quartier. Il savait y rencontrer Coloquinte, du Plat-d'Etain, Sorribel, des Arts-et-Métiers et même peut-être Pile-de-Pont, le tigre de l'impasse où se trouvait la taverne. Par le plus grand des hasards, il ne trouva que Montaroux, un débutant, simple chacal à la Villette.

Il se fit connaître de lui au moyen des signes du troisième degré.

— Maître, lui dit Montaroux, tous nos frères sont partis à la tombée de la nuit pour le palais de Rudelame-Carthagène qui est devenu la proie des flammes. Ce soir, à minuit, vous les trouverez dans les souterrains qui s'étendent sous le fleuve.

Le duc lui donna une bourse pleine d'or et répondit :

— Non loin d'ici, il existe une place de fiacres. Choisis un cocher ami des libations et attire-le dans un cabaret mal famé. Fais-le boire. Quand tu l'auras plongé dans l'ivresse, cache-le sous la table, après l'avoir préalablement poignardé...

Montaroux frissonna, car il n'était pas encore endurci.

Le bisaïeul d'Elvire laissa échapper un geste de mépris.

— Réprime ces frémissements insensés, si tu veux parvenir, poursuivit-il. Tu prendras les vêtements du cadavre ; à l'heure où je te parle, je porte les défroques de ma dernière victime qui probablement est encore chaude. On en prend l'habitude au point de ne plus pouvoir s'en passer... Te voilà tout blême, jeune homme. Si tu hésites, crains un châtiment sévère.

L'infortuné Montaroux, vit le crick malais qui sortait à demi de l'une des ex-poches du défunt commissionnaire. Il tomba à genoux.

— J'assassinerai le cocher, dit-il, quoiqu'ils soient tous père de famille !

— Très bien... Une fois couvert de ton déguisement, tu t'assoiras sur le siège du fiacre, à la place du mort et tu iras stationner au coin de la rue de Sévigné... Connais-tu la Maison du Repris de justice ?

— Oui maître.

— Tu ne perdras pas un seul instant de vue la porte de cette maison, et si tu en voyais sortir une jeune femme, portant dans ses bras un enfant nouveau-né, tu donnerais aussitôt le signal.

— Quel signal ?

— Sais-tu imiter le cri du canard ?

— Oui maître.

— Imite ?

Montaroux imita. M. le duc fut satisfait.

— Tu as plus de capacité que je croyais, dit-il. Par trois fois, tu imiteras le cri du canard. Ecoute. Tu surveilleras également la maison qui fait face. Si tu y voyais entrer Mustapha, ou quelque autre suppôt de Fandango, voici une chandelle romaine ; tu l'allumerais.

— Oui maître.

— Écoute encore. Chaque fois que tu verras passer un des nôtres, tu produiras le sifflement d'une couleuvre, il s'approchera, tu lui diras : le maître est au café de Rohan, vis à vis le Palais Cardinal, à voir jouer une poule.

Après avoir prononcé ces paroles, le bisaïeul d'Elvire remit ses habits de duc et s'éloigna précipitamment.

Est-il besoin d'expliquer que les divers événements, racontés dans nos premiers chapitres, disparurent aux yeux de Montaroux derrière l'immense voiture de vidange de la compagnie Lesage, nouveau système diviseur et inodore ?

A cet égard, le meurtre du cocher fut inutile. Nous n'aurions pas pris la peine de le mentionner, s'il ne devait plus tard servir au développement de notre drame. . . . .
. . . .

Dans un salon somptueux et nobiliaire de la rue de Grenelle-Saint-Germain, une femme d'un certain âge était demi-couchée sur un lit de repos. Un jeune homme de vingt-huit ans, remarquable par sa beauté méditative, lui tâtait le pouls.

L'une était la princesse Troïka, propriétaire des mines d'or de Tobolsk ; dans l'autre vous eussiez reconnu le faux porteur d'eau des noces précitées : Coriolan des ruines de Palmyre, connu dans l'univers sous le nom de docteur Fandango.

— Docteur, demanda-t-elle d'une voix languissante, avez-vous deviné le mal dont je meurs ?

— Oui princesse, répondit Fandango.

Elle le regarda d'un air d'étonnement qu[i] n'excluait pas le doute.

— Princesse, reprit le docteur, comme ré[-]pondant à ce regard, vous ne pouvez vous co[n-]soler de la perte de votre enfant.

— O ciel ! s'écria Troïka, homme surpre[-]nant, lisez-vous donc au fond des cœurs ?

— Mon art va jusque-là, madame.

Troïka soupira.

— Vous m'inspirez un tel sentiment qu[e] pour un rien je vous raconterais ma touchant[e] histoire.

— Je suis un peu pressé... est-elle longu[e] votre histoire ?

— J'abrégerai.

— J'écoute.

La princesse prit une posture à la fois agréa[-]ble et commode, puis elle débuta ainsi :

— Mon père possédait la moitié des mine[s] d'or de Tobolsk, le père du prince Troïka pos[-]sédait l'autre moitié. Nous nous rencontrâmes dans une société choisie. Il me plut, je fu[s] adorée par lui, les convenances y étaient, nou[s] nous mariâmes. Il y a de cela trente ans moin[s] six mois.

Fandango était distrait, il ne fit nulle atten[-]tion à ce chiffre qui eut dû exciter son intér[êt,] car ce fut vers la même époque que le travai[l] de génération spontanée dût commencer à pré[-]parer sa naissance.

La princesse continua :

— Mon mari et moi, nous avions du goû[t] pour les voyages. Nous résolûmes d'aller passe[r] en Asie les derniers mois de notre lune d[e] miel...

— En Asie, répéta Fandango qui songeait volontairement à son berceau.

— N'ayant pu obtenir la permission du czar, nous partîmes secrètement et nous apprîmes, sur les bords du Wolga, que l'empereur de toutes les Russies m'avait condamnée...

— Condamnée ! répéta encore le docteur.

— Il me trouvait belle, murmura Troïka en baissant les yeux, et il avait contre ma vertu des desseins coupables... Condamnée à mort, sais-je. Nous passâmes la frontière et parvînmes, après de longues traversées, jusqu'aux rives de l'Euphrate.

Nous entrâmes en Arabie ; c'était là que le plus affreux malheur m'attendait.

Un soir, il y a de cela juste vingt-huit ans et neuf mois...

Fandango tressaillit si visiblement que la princesse s'interrompit pour lui demander :

— Docteur, qu'avez-vous ?

— Rien, fit-il, poursuivez !

— Je fus prise des douleurs de l'enfantement dans un lieu désert, peu éloigné des fameuses ruines de Palmyre...

Pour la troisième fois, le docteur interrompit répéta :

— Les ruines de Palmyre !

Il devint plus pensif.

— Pendant que je souffrais, continua la princesse, notre caravane fut attaquée par les habitants voleurs de ce pernicieux pays, qui hachèrent en pièces notre escorte et se portèrent sur mes femmes de chambre à d'atroces extrémités. Ils empalèrent mon malheureux époux après l'avoir scalpé comme un Mohican

et ne s'arrêtèrent même pas devant cet é[tat]
critique où je me trouvais et qui inspire[rait]
l'intérêt aux cinq parties du monde. Ce fut [au]
milieu de ces tortures que je mis au jour [un]
enfant du sexe masculin...

— Ah! fit Coriolan avec explosion, c'e[st]
un fils!

— L'auriez-vous connu? demanda la pr[in]cesse dans le naïf élan de son amour m[a]ternel.

Coriolan répondit d'un accent étouffé :

— J'ai fait plus!

Puis il ajouta, en proie à une indescripti[ble]
agitation :

— Madame, je croyais être le fruit de [la]
génération spontanée, mais toutes ces circo[ns]tances sont tellement étranges... Mon berc[eau]
a été trouvé, il y a vingt-huit ans et neuf m[ois]
dans les ruines de Palmyre...

— Prouvez-le! s'écria la princesse!

Fandango prit dans sa poche un petit m[or]ceau de marbre et dit :

— Voici un fragment de la colonne [qui]
frappa mon premier regard!

— Je reconnais ce porphyre! dit Troïka [avec]
un cri du cœur, mais j'avais pendu à ton c[ou]
un bijou de corail aquatique...

— Ma jeune épouse le porte sur son cœu[r],
interrompit Coriolan à son tour, et qui pour[rait]
dire ce qu'elle est devenue.

La princesse prit un air froid, elle doutai[t].

Mais tout à coup elle sauta sur ses pieds [et]
dit :

— Tu avais une marque de naissance[...]
J'avais eu une envie d'écrevisses dans ces s[...]

tudes où l'absence d'eau les rend très rares... tu portais... mon fils portait une écrevisse à peu près dessinée, non loin du cordon ombilical !

L'épreuve était facile. Elle fut faite. La princesse Troïka et le docteur Fandango tombèrent dans les bras l'un de l'autre en murmurant des paroles inarticulées parmi lesquelles on distinguait :

— Mon fils !
— Ma mère !

Cette scène attendrissante se serait prolongée peut-être si elle n'avait été tranchée par un coup de foudre.

La porte s'ouvrit brusquement. Mandina de Hachecor, couverte de transpiration, de poussière, de sang et de larmes, mais belle encore, malgré tant de malpropretés, s'élança dans l'appartement.

Elle ne portait point de déguisement.

— Au secours ! râla-t-elle d'une voix étranglée.

Puis se reprenant :

— Fils de la Condamnée, dit-elle, me permettez-vous...

— Je te le permets, répliqua Coriolan, tu m'inquiètes, parle !

Mandina aussitôt se remit à crier :

— Au secours ! au secours ! Ah ! quel affreux carnage ! tout est à feu et à sang dans la Maison du Repris de justice. Mustapha est blessé, le gendarme est massacré, le Rémouleur... et Elvire...

— Ma jeune épouse ! prononça Fandango en un cri terrible.

Les nerfs, déjà fort agacés de la princesse

Troïka, n'y tinrent plus, elle choisit ce moment pour s'évanouir.

— Ma tendre mère! fit Coriolan qui se précipita sur elle.

En tout autre moment, Mandina de Hachecor eût donné une attention extrême à cet épisode si dramatique, mais elle n'avait qu'une idée et reprit avec force :

— Chaque minute perdue avance le trépas de la bru de la Condamnée.

— Mais la voilà, la Condamnée! s'écria Fandango dont la détresse était inouïe. C'est ma mère tout fraîchement retrouvée. Je ne l'avais pas vue depuis vingt-huit ans et neuf mois. Qu'elle est bien conservée!... ma mère!... ma mère!... elle se meurt!... et là-bas, ma jeune épouse qui espère... à laquelle entendre!... cette situation est trop tendue!... ma mère!... ma femme!... ma femme!... ma mère!... Pitié!... Seigneur!...

Il resta un instant comme abruti, puis, sa vigoureuse nature reprenant le dessus, il prit Troïka dans ses bras et s'élança vers la porte en disant :

— Guide-moi, Mandina de Hachecor, j'ai résolu le problème. Je n'abandonnerai ni ma femme, ni ma mère; je les sauverai toutes deux, ou elles mourront ensemble!

CHAPITRE XII

ATROCE BOUCHERIE

Selon notre coutume invariable, nous allons retourner en arrière.

Le lecteur n'a pu oublier les lettres brûlantes, envoyées dans des noisettes à Elvire de Rudelame au temps où elle n'était encore que la recluse de la chambre nuptiale transformée en tombeau. Ces lettres nous ont laissé deviner l'état du cœur de Boulet-Rouge. Il aimait avec la fougue des bêtes féroces et jusqu'au point d'assassiner sa compagne pour convoler avec l'objet de son caprice. Cette circonstance aggravait sensiblement la position d'Elvire et c'en était fait d'elle, sans l'arrivée si brusque du généreux Mustapha.

Elle le reconnut d'un coup d'œil et sans avoir besoin d'autre témoin que ses yeux, parce qu'elle avait eu avec lui, antérieurement à son mariage, des privautés sans conséquence.

Mustapha, tout seul, valait très certainement

trois pieuvres mâles par son intelligence, son instruction et son courage ; mais il était sans arme, et en outre son oreille de vieillard le gênait vaguement.

Messa, Sali et Lina, au contraire, étaient armés avec abondance, et le principal d'entre eux sentait sa vigueur doublée par l'aiguillon de son amour. Le combat était inévitable et s'annonçait comme devant être un des plus intéressants de l'ère moderne.

Mais nul n'aurait su augurer en ce moment, à quel degré d'intensité furieuse, ces circonstances allaient le porter.

N'en perdons aucun détail.

Aussitôt que leurs yeux se furent reposés sur le jeune cocher de fiacre, Messa, Sali et Lina poussèrent une triple exclamation, voisine de la stupeur. Mais Messa nommé aussi Boulet-Rouge, eut néanmoins la présence d'esprit de faire ce raisonnement :

— Son entrée n'est pas plus étonnante que la nôtre !

Pendant cela, Elvire balbutiait parmi ses sanglots :

— Mon cher cousin, sauvez Virtuté ! Il faut à nos poumons une certaine quantité d'air respirable, fixée par la science. Mon fils doit être gêné dans ce cercueil.

Ce serait une superfluité, croyons-nous, de vouloir mentionner minutieusement l'état moral des Piqueuses de bottines réunies. Ces filles du peuple étaient anéanties par la terreur.

Boulet-Rouge eut d'abord l'idée de dissimuler. Il comptait sur son emplâtre de dimension inusitée pour n'être point reconnu. L'eauqui-change-les-physionomies en avait, en effet, modifié la forme et la couleur.

— Cocher fidèle, dit-il avec une pointe de sarcasme, qu'est-ce qu'il y a pour votre service ?

— Rebuts d'une civilisation trop avancée, répondit sévèrement Mustapha, ne cherchez pas à m'abuser par des détours. Je devrais vous punir, sans autre forme de procès, puisque vous êtes venu ici dans la coupable intention de verser l'élixir pernicieux à tout un atelier de jeunes ouvrières, mais la chance des combats est incertaine, et mon plus sacré devoir consiste à sauver ma noble parente et son enfant. Je vous propose donc un arrangement particulier. Laissez-moi madame Fandango, née de Rudelame et son jeune fils, contenu dans le cercueil, je vous permettrai de vous retirer avec la vie sauve.

Un long éclat de rire accueillit ces paroles. Les malfaiteurs y virent une crainte cachée et cette erreur doubla leur effronterie. Boulet-Rouge ne daigna même pas répliquer. Pour bien montrer qu'il brûlait ses vaisseaux, il détacha son emplâtre, la plia et la serra dans sa poche afin de ne point la détériorer dans la bagarre, puis il déroula un long lasso, en cuir de buffle, fabriqué dans les parties les plus sauvages de l'Amérique du Sud et le lança avec adresse autour du cou de Mustapha.

Celui-ci eut le bonheur de l'éviter par un saut de côté qui le porta non loin de Carapace. Carapace était en garde avec une hache affilée comme un rasoir, il en asséna un coup terrible sur le généreux Mustapha qui l'esquiva et passa à portée d'Arbre-à-Couche.

Arbre-à-Couche avait choisi pour arme une scie, avec laquelle il essaya de séparer en deux parties égales le corps de son adversaire. Mais le fils du grand chef des Ancas profita de ce mouvement pour le saisir par les jambes et lui faire mordre la poussière.

Les Pieuvres mâles, dans leur rage insensée, imitèrent le cri de quelques animaux.

Mustapha, cependant, s'était emparé de la scie et, en trois traits, il avait verticalement coupé Arbre-à-Couche.

Elvire se prosterna et bénit le Seigneur. C'était prématuré. La hallebarde de Boulet-Rouge et le kandjiar de Carapace menaçaient déjà la noble poitrine de Mustapha.

Il scia d'abord la hallebarde en se jouant, puis, ramassant à terre le bon bout, il s'en fit une arme bien plus commode que la scie. Malheureusement, il ne put éviter l'atteinte du kandjiar qui se plongea en frémissant dans son abdomen.

Cette blessure le contraria, mais ne l'abattit point.

D'une main ferme, il contint les organes qui voulaient s'échapper par cette horrible plaie, et de l'autre, brandissant sa moitié de hallebarde, il fracassa les têtes de ses deux ennemis en un clin d'œil.

Elvire, toujours prosternée, remercia ardemment l'Eternel. C'était encore prématuré. Cinq coups de feu retentirent dans la chambre voisine et le malheureux Mustapha, après avoir tourné rapidement sur lui-même et bondi jusqu'au plafond, tomba, baigné dans son sang.

Elvire poussa un cri de détresse. Elle avait

tort. La porte de l'escalier s'ouvrit, donnant passage au rémouleur, au gendarme, au joueur d'orgues, au prêtre éthiopien et au vénérable Silvio Pellico, que nous nous sommes promis d'appeler désormais le grand chef des Ancas.

Derrière eux venait le nouveau mari de la jeune Grecque Olinda. Nous ne sommes pas parfaitement sûrs du nom que nous lui avons donné, ce doit être Faustin de Boistord ou quelque chose d'analogue.

Rien de plus facile à expliquer que la venue de tous ces bons cœurs. Ils n'avaient eu que la rue de Sévigné à traverser et le lecteur pourrait même trouver qu'ils étaient en retard.

Mais les cinq coups de mousquet dirigés contre Mustapha ?

Ceci mérite un éclaircissement.

Nous avons déjà spécifié que la faction de Montaroux, l'assassin du vrai cocher de fiacre, avait été longtemps superflue, à cause de la voiture de vidange qui lui cachait l'entrée de la Maison du Repris de justice. Il n'avait pas, néanmoins, complètement perdu son temps. Du haut de son siège, il avait guetté les passants et arrêté tous ceux qui appartenaient aux ténébreuses associations, maladie de la capitale. Dieu sait qu'il n'en manque pas, la nuit, dans ces quartiers populeux. Au moment de l'explosion, Montaroux avait rassemblé autour de son fiacre dix-sept individualités déclassées, au nombre desquelles on pouvait compter Coloquinte, du Plat-d'Etain, Pile-de-Pont, le tigre de l'impasse du Marché Sainte-Catherine, Larribel, des Arts-et-Métiers et trois des onze serpents à sonnettes du pont de Notre-Dame.

Croquental faisait aussi partie de ce club. C'était le dernier des Mohicans.

Ils étaient déjà las d'attendre et sur le point de se retirer, lorsqu'ils virent un corps étranger traverser la rue et percer la croisée du troisième étage de la maison surveillée.

Au vol, Croquental avait reconnu la taille et la démarche de Mustapha.

Montaroux alluma aussitôt sa chandelle romaine qui monta, étoile sinistre, vers les cieux.

Ne vous étonnez point du temps qui s'écoula entre ce signe et les cinq coups de mousquet tirés sur Mustapha. Il fallut d'abord trouver des échelles de cordes, puis envoyer des émissaires dans toutes les directions : les uns pour allumer de grands feux sur les montagnes, les autres pour sonner le tocsin aux paroisses, les autres encore pour prévenir à domicile les membres de la criminelle association.

Chacun comprenait qu'il s'agissait d'un cataclysme.

Montaroux se chargea lui-même d'aller chercher le duc de Rudelame au café de Rohan où il regardait jouer la ponte.

Ceux qui montèrent aux échelles de cordes étaient au nombre de dix. Ils portaient tous des carabines d'un nouveau système et des revolver brevetés, le tout revêtu de la bénédiction papale. Pile-de-Pont avait en outre un sabre d'honneur.

Comme signe de ralliement, ils avaient adopté la fleur de pivoine et le cri du ramoneur savoyard.

Par une coïncidence au moins étrange, ils firent feu sur le glorieux Mustapha au moment même où les bons cœurs débouchaient par la porte de l'escalier.

Les deux partis se trouvaient ainsi en présence tout naturellement. Les bons cœurs, commandés par Silvio Pellico, doyen d'âge, les fléaux de la capitale par Coloquinte du Plat-d'Etain, qui avait été employé d'octroi.

Silvio Pellico, récemment grand chef des Ancas, dégaîna le premier en criant :

— Malades du docteur Fandango !

Coloquinte arma son revolver béni en répliquant :

— Pieuvres mâles et vampires des différentes impasses de Paris !

— Nous venons sauver madame Fandango, ajouta Silvio Pellico.

— Nous venons, répondit Coloquinte, venger Messalina !

Alors, ce fut un choc effroyable, suivi d'une mêlée dont rien ne peut donner une idée, même approximative. L'affaire de l'explosion de la machine infernale n'était qu'un jeu de *baby* auprès de ce plantureux carnage. La bataille, qui avait commencé avec une vingtaine de combattants, se nourrissait incessamment de nouveaux venus. Olinda, la jeune Grecque, dont l'absence a pu être remarquée, était en effet partie avec Mandina et d'autres pour battre le tambour dans les rues et avertir ainsi les Malades du docteur Fandango.

De leur côté, les animaux féroces des impasses, au moyen du tocsin, des feux allumés sur les collines, des décharges d'artillerie et de prospectus avaient rassemblé les innombrables sectateurs du mal.

On accourait, on se pressait, de l'Orient et de l'Occident, du Midi et du Septentrion.

Paris, en cette nuit fatale, s'était divisé en deux vastes armées. Il ne restait dans les maisons que les paralytiques et les personnes à l'agonie.

Parvenues dans la rue de Sévigné, les deux queues distinctes ne se mêlaient point. Les ennemis de la morale éternelle et de la société montaient par l'échelle de corde, les bonnes consciences gravissaient les marches de l'escalier.

Et toujours, et toujours !

On ne peut évaluer à moins de quatre cent mille âmes les membres actifs de ce prodigieux conflit.

Et jusqu'à présent, tout s'était fait avec un tel mystère, que la police n'avait pas le moindre soupçon !

Bien entendu, les malheureuses ouvrières, composant l'atelier des Piqueuses de bottines réunies, avaient été foulées aux pieds et écrasées dès le premier moment ; elles étaient maintenant enfouies sous les cadavres à une très grande profondeur, car le résidu de la bataille s'élevait jusqu'au plafond et les nouveaux venus, pour s'entr'égorger, étaient obligés de se tenir à plat ventre.

Les trois apprenties chorégraphes, toutefois, étaient parvenues à faire surnager la pointe de leur bottine droite.

Et des deux côtés, toujours, toujours, il arrivait du renfort, les pieuvres mâles par l'échelle, les cœurs loyaux, par l'escalier.

Le sang suintait comme la cuvée dans le pressoir.

Une chose singulière et même invraisemblable, c'est que Messa, Sali et Lina, malgré leurs affreuses blessures, étaient parvenus à se dégager. C'étaient des natures exceptionnelles. Ils s'occupaient tous trois à verser de l'élixir funeste et pernicieux dans les plaies béantes des blessés. Boulet-Rouge avait fait un paquet d'Elvire et du cercueil d'enfant. Il avait pendu ce paquet à la fenêtre, au dehors : de sorte qu'il était certain maintenant d'assouvir et ses désirs et sa vengeance.

Il ne restait plus qu'un espace de dix-huit pouces entre les cadavres amoncelés et le plafond, lorsque M. le duc de Rudelame-Carthagène, revenant de voir jouer la poule, fit son entrée à la tête de ses gardes particuliers. Ce devait être le coup de grâce, car les bons cœurs commençaient à faiblir. Tous nos amis étaient engloutis, excepté Silvio Pellico dont la tête respectable se montrait encore au dessus du hachis humain.

Mais à cet instant suprême, un coup de tonnerre éclata du côté de l'escalier. Une grande lueur se fit : c'étaient les deux prunelles du docteur Fandango.

Il arrivait sans armes et portant encore sous son bras, sa mère chérie, la princesse Troïka, des ruines de Palmyre !

Tout changea de face aussitôt. Rien n'égalait la puissance de cet homme extraordinaire, dont nous n'avions pas abusé, parce que nous le gardions précieusement pour les effets de notre dernier chapitre.

CHAPITRE XIII

LA POUDRE A DÉVOILER LES TRUCS

Au seul aspect du Fils de la Condamnée, tenant son illustre mère sous son bras, tous les malfaiteurs s'enfuirent comme une volée d'oiseaux farouches. Le duc lui-même, dissimulant sa tête de hibou sous l'austère capuchon d'un moine, disparut par le plafond.

Boulet-Rouge avait pris les devants avec un paquet de taille considérable puisqu'il contenait, non seulement le cercueil d'enfant, mais encore l'accouchée de l'allée sombre. Fandango l'aperçut au moment où il s'évanouissait à travers l'épaisseur d'un mur. Un soupçon lui poignarda le cœur.

— Où est Mustapha ! s'écria-t-il de cette voix mâle et sonore que nous avons connue au faux porteur d'eau de la nuit des noces.

Personne ne lui répondit.

Il n'y avait là que Mandina qui cherchait parmi les dépouilles de quoi se composer un deuil pour la mort du gendarme, Olinda en quête de son Frigolin et le jeune Gringalet, lequel n'avait jamais connu les embrassements de l'huissier.

— Je veux Mustapha! reprit le docteur Fandango. Il est l'homme de la situation. C'est lui qui possède la poudre pour découvrir les passages secrets.

Avec cette poudre, il faut bien le dire, on trouvait aussi les escaliers dérobés, les trappes et les double-fonds. Elle coûtait cher, mais elle était indispensable aux natures généreuses qui poursuivaient le crime à travers les mystères de Paris.

Silvio Pellico prit la parole, quoiqu'il eut des cadavres jusqu'au menton.

— Je ne sais si je m'abuse, dit-il ; peut-être mes malheurs ont-ils diminué ma sagacité, mais il me semble que mes pieds, autrefois si agiles, sont posés, à une grande profondeur, sur une figure connue. La vie sauvage que j'ai menée jadis, dans l'Amérique du Sud, aiguise et développe les sens. Mon orteil, encore très subtil pour son âge, croit reconnaître le généreux nez de Mustapha.

— Déblayez! ordonna le Fils de la Condamnée. Quiconque me retrouvera Mustapha recevra, franco, tout ce qui a paru de ce roman en cours de publication.

Gringalet aimait les lectures qui exercent l'esprit en fortifiant le cœur. Il se mit à l'œuvre aussitôt, aidé par la jeune Grecque Olinda et Mandina de Hachecor. C'était peu : deux femmes et un enfant, mais Fandango les électrisait du regard et Silvio Pellico les intéressait en racontant ses infortunes.

En quelques minutes, l'atelier de feu les Piqueuses de bottines réunies fut débarrassé de toutes les matières organiques qui l'encombraient. Sous ces ordures, on retrouva, non seulement le noble Mustapha, mais encore le rémouleur, le joueur d'orgues, le gendarme et même Frigolin de Torboy. Ils se portaient tous aussi bien que le permettaient les circonstances.

En les voyant rassemblés encore une fois sous ses yeux, Fandango fit éclater sa joie. Il mit sa mère chérie en bandoulière, pour avoir désormais l'usage de ses deux bras et dit :

— Paris !

Les bons cœurs répondirent :

— Palmyre !

— Je tiens à voir vos cachets, dit encore le Fils de la Condamnée.

Ils se dépouillèrent, sauf Mustapha qui se borna à montrer son oreille de vieillard.

Fandango reprit :

— Je suis satisfait, aucun traître n'a réussi à se glisser parmi nous. Ecoutez-moi bien. La Maison du Repris de justice où nous sommes est une des demeures les mieux machinées du Paris nocturne et mystérieux. Le nombre des passages secrets, trappes, pierres de taille montées sur pivot, plafonds mobiles, planches à bascule, murs où l'on marche, cheminées à ressort, armoires à escaliers, sarcophages, oreilles de Denys le tyran et autres oubliettes, y est littéralement incalculable. Nos ennemis sont disparus, mais je suis sûr qu'ils sont tous cachés dans l'épaisseur des cloisons. En conséquence, c'est le moment ou jamais d'utiliser la poudre à dévoiler les trucs !

— C'est le moment ! répliquèrent tous les bons cœurs d'une seule voix.

Et Silvio Pellico ajouta :

— Ou jamais !

Mustapha avait compris. Il sortit de son sein une boîte systématique, analogue à l'appareil connu sous le nom d'insecticide Vicat. Avec une adresse consommée, il mit en mouvement le petit soufflet dont il avait préalablement dirigé la bouche vers un coin de la muraille.

Au premier grain de poudre qui toucha le mur une porte apparut.

Mustapha fit glisser le soufflet : une seconde porte se montra, puis deux, puis trois, puis dix ! le mur n'était que portes, conduisant toutes dans des lieux inconnus.

L'assemblée fit éclater sa surprise, et Silvio Pellico s'écria :

— Je n'ai jamais rien vu de pareil, moi qui ai régné sur l'Araucanie.

Mais le docteur Fandango ayant assujetti plus solidement derrière son dos sa mère respectée, réclama le silence d'un geste.

— Partisans de la vertu, dit-il, soutiens fidèles de la probité et de la délicatesse, nous allons entamer une œuvre difficile. Appelez les bons cœurs qui peuvent être restés dans l'escalier et attention au commandement. Je vais passer le premier, tenant d'une main cette torche, de l'autre ce javelot. Ma mère me suivra, puisque je la porte. Mustapha suivra, tenant ma mère par sa jupe. Le Rémouleur suivra Mustapha en le tenant par la queue de son habit. Le Joueur d'orgues... enfin, vous m'avez saisi. Cette façon de circuler que les enfants appellent la queue-leu-leu, nous est indispensable, pour ne pas nous perdre dans les incommensurables détours de cet hôtel. Le but de cette excursion est de trouver madame Fandango et son fils Virtuté. Y êtes-vous ?

— Nous y sommes ! répondit le chœur des amis de la générosité.

Sans plus de paroles, parmi toutes les portes, le Fils de la Condamnée choisit la plus secrète et l'ouvrit à l'aide d'un moyen particulier qu'il serait trop long de décrire. Cette porte était en cœur de chêne, munie de contreforts en acier. Aussitôt qu'elle eut roulé sur ses gonds, un air humide et glacé pénétra dans la chambre.

C'était une immense galerie et dont, certes, âme qui vive ne soupçonnait l'existence dans la rue de Sévigné. La voûte, en plein cintre, était supportée par un quadruple rang de colonnes qui semblaient appartenir à l'époque romane.

Au moment où le docteur Fandango mettait le pied sur la première dalle, des rires aigus éclatèrent à l'autre extrémité de la galerie. Il leva sa torche aussitôt et vit, dans un lointain confus, une sorte de danse macabre.

Parmi les figures qui s'agitaient dans ce sabbat, il crut distinguer une tête de hibou et une emplâtre de dimension inusitée.

C'en était assez. Il précipita sa course, suivi par sa mère et Mustapha. En approchant, il distingua les traits peu réguliers de Carapace et d'Arbre-à-Couche. Il put même voir que Boulet-Rouge portait toujours son paquet considérable.

— Marchons, s'écria-t-il ; à travers la toile

de cette enveloppe, mon imagination en délire croit reconnaître le profil de celle que j'aime.

Il n'avait pas achevé que tout disparut.

— La poudre !

Mustapha aspergea les dalles.

La composition connue sous le nom de poudre-à-dévoiler-les-trucs a les inconvénients de ses vertus. Elle met à nu tant de mystères, qu'on est souvent très embarrassé pour choisir. Ainsi le loyal Mustapha ayant fait jouer sa petite manivelle, toutes les diverses colonnes montrèrent, à l'intérieur de leurs fûts, des escaliers dérobés. Chaque dalle laissa voir un trou muni d'une échelle, dont quelques-unes pénétraient par leur pied jusque dans les profondeurs des eaux croupissantes.

Mais la sagacité naturelle du Fils de la Condamnée était à l'épreuve de ces détails. Il alla droit à la dernière colonne et la fendit en deux en touchant un bouton de cornaline, travaillé curieusement. L'intérieur de la colonne renfermait des degrés en colimaçon. Le docteur descendit vingt-sept marches et se trouva dans une rotonde en marbre rouge, autour de laquelle étaient rangés vingt-quatre barriques en acajou portant différentes étiquettes, telles que : sang de femme, sang d'enfant, sang d'officier, sang de franc-maçon, etc...

Silvio Pellico ne put s'empêcher de murmurer :

— Ce Paris est vraiment cocasse !

Le docteur Fandango ne s'arrêta même pas. Il en avait vu bien d'autres dans sa carrière agitée.

Il traversa un pont de lianes, jeté sur un torrent tout blanc d'écume et pénétra dans une grotte de vaste étendue, dont les riches stalactites renvoyèrent en gerbes de lumière la rouge flamme de sa torche. Au bout de la grotte, il aperçut encore, au milieu d'une foule, grimaçant, M. le duc de Rudelame-Carthagène, entouré de ses trois Pieuvres mâles.

— A moi ! s'écria le Rémouleur.

Il avait fait un faux pas et la basque de l'habit de Mustapha lui était restée dans la main. Il prit l'autre basque et l'incident n'eut pas de suite.

La grotte ne contenait rien d'important, sinon un dépôt de substances vénéneuses à l'état brut. C'était le grenier d'abondance de la pharmacie du mystère. Silvio Pellico toujours soigneux, compta cent quarante-sept caisses d'arsenic et plus de mille bouteilles de strychnine, non encore épurée.

Venait ensuite un long couloir, défendu de distance en distance par des herses et des chevaux de frise. La troupe fidèle eut quelque peine à éviter les bascules, disposées avec beaucoup d'art. Des deux côtés du couloir, il y avait des rateliers pleins d'armes de guerre. Il se terminait par un mur que Mustapha saupoudra. Ce mur n'était qu'apparent, la composition chimique fit voir qu'il cachait un abîme insondable. Mais une sorte de sentier à pic, taillé dans le roc vif s'ouvrait à gauche du précipice.

Le docteur en s'y engageant, ne put s'empêcher de penser tout haut :

— Je ne prendrais pas volontiers cette voie périlleuse s'il ne s'agissait de mon fils unique Virtuté et de la bru de la Condamnée.

En effet, à peine nos intrépides amis avaient-ils commencé à descendre que Tancrède, dit Chauve-Sourire et quelques autres mauvais sujets, firent pleuvoir sur eux des fusées, de la poix bouillante, du plomb fondu, enfin tout ce qu'ils trouvèrent à portée de leurs mains.

Les défenseurs de la vertu en éprouvèrent quelques désagréments légers, mais Silvio Pellico qui avait fréquenté des Anglais nomades en Araucanie, ne marchait jamais sans son parapluie, et comme le sentier était vertical, ce meuble protégea toute la troupe.

Ils étaient dans les souterrains de l'arche Notre-Dame !

Après avoir traversé encore de nombreux corridors, au bout desquels ils apercevaient sans cesse les sectateurs du mal, reconnaissables à la tête de hibou du bisaïeul et à l'emplâtre de Boulet-Rouge, après avoir franchi des précipices, monté et descendu une grande quantité d'escaliers, ils arrivèrent enfin dans un asile pittoresque au plus haut point et fort original qui servira de décor à notre dernier tableau.

C'était une salle en forme de nef ogivale, au-dessus de laquelle passaient les eaux du fleuve. La nuit avait cessé d'envelopper la terre pendant ce long voyage. A travers la voûte de cristal qui recouvrait la nef, à travers les ondes de la Seine qui roulaient au-dessus de la voûte, on pouvait jouir d'un joli effet de soleil levant.

Mais là ne s'arrêtaient point les étrangetés de ce curieux séjour.

La salle était entièrement bâtie avec des squelettes entiers et à jour, posés dans des attitudes variées et reliés ensemble solidement par un ciment peu connu. Il en résultait une architecture vraiment surprenante et qui ne manquait pas de grâce.

Les baisers du soleil matinier, caréssant ces dentelles d'ossements, formaient des dessins d'une légèreté inouïe et qui rappelaient les découpures des boîtes de bonbons.

Vous eussiez dit un rêve de poète !

Silvio Pellico essaya de compter les squelettes employés à cette œuvre d'art, mais il n'y put réussir. Il vit seulement à certains signes que c'étaient tous des malades du docteur Fandango.

C'était la fin. Après cette salle magique, il n'y avait plus rien. Aussi les pieuvres mâles des impasses, chacals, mohicans, casquettes vertes et autres fléaux de la capitale étaient-ils rassemblés en bataille au milieu de la nef.

Devant eux se tenait le duc de Rudelame-Carthagène, vêtu du costume historique de Jean-Bart.

Ce costume était de circonstance. Le bisaïeul tenait en effet dans la main droite une torche allumée et posée au-dessus de quarante tonneaux de poudre fulminante.

Dans la main gauche, il avait une chaînette de platine, correspondant à une large soupape, ménagée dans la voûte de cristal.

Derrière lui, Boulet-Rouge tenait madame Fandango renversée sur une table de marbre.

La jeune femme allaitait son enfant.

Au-dessus de ce groupe, Arbre-à-Couche et Carapace brandissaient leurs stylets damasquinés !

CHAPITRE XIV

CATASTROPHE IMPRÉVUE

Nous avons ménagé avec soin le crescendo. La situation est de plus en plus tendue.

Ces muettes et terribles menaces n'arrêtèrent nullement les bons cœurs.

Le Fils de la Condamnée fit tourner adroitement sa mère de son dos à sa poitrine et lui tâta le pouls.

— Elle est sur le point de recouvrer ses sens, dit-il. Finissons !

Il arrêta ses compagnons d'un geste et fit trois pas en avant.

— Duc de Rudelame-Carthagène, dit-il, rejeton d'une race souillée par tous les crimes, tu as fait accroire à madame Fandango que notre union était un inceste. Je te donne le démenti le plus formel. Ma jeunesse en sa fleur ne peut pas être le père de ta décrépitude. Veux-tu accepter contre moi un combat singulier ?

— Flûte ! répondit l'ancêtre. On vous prie de repasser !

Il ajouta d'une voix sarcastique :

— Où est ton livre, enchanteur à la douzaine, où est ta fiole qui parle ? où est ton cerf vivant qui a des cornes en strass ? Tu es ici chez moi, et tu vas mourir ! Ces galeries sont inconnues, même aux hommes d'imagination ! Elles sont bâties avec les os de tes clients, médecin de malheur, car tu as soigné et par conséquent conduit au trépas la moitié de la capitale. Regarde une dernière fois ta femme et ton enfant. J'ai à ma disposition le feu (il secoua sa torche) et l'eau (il tira sur la chaînette de platine et quelques chopines d'eau de Seine tombèrent de la voûte). A genoux ! charlatan ! ta dernière heure a sonné !

La princesse Troïka choisit cet instant pour rouvrir les yeux.

De son côté, l'accouchée de l'allée sombre poussa un gémissement étouffé.

— Ma mère !... ma femme !... s'écria le docteur Fandango en levant ses deux bras vers le ciel.

Mais cet homme unique à la volonté de fer ne pouvait se laisser longtemps abattre. Son esprit inventif avait de ces conceptions spontanées, sublimes et renversantes.

Se dressant de toute sa hauteur, son œil lança des flammes quand il dit, répondant à la dernière parole du bisaïeul :

— Je ne plie les genoux que devant le Seigneur...

Et sa voix se fit douce comme le miel quand il ajouta :

— ... et devant ma maîtresse !...

Puis son organe prenant des intonations terribles, il continua avec fermeté :

— Cacochyme et coupable vieillard, la discussion ne peut durer un instant de plus sur ce ton. Rends-moi ma famille, je te l'ordonne... une fois, deux fois, trois fois... alors crains ma colère... En avant tout le monde !

Il bondit le premier.

. . . .

A bas les mains ! cria une voix à la porte de la cave.

Deux sergents de ville entrèrent, suivis par quelques infirmiers.

Les fléaux de la capitale et les chevaliers de l'humanité se mirent à courir en tous sens, essayant de se cacher derrière les fagots...

ÉPILOGUE

LE SCARIFICATEUR

Le lendemain, on lisait dans *le Scarificateur*, journal général de médecine et de chirurgie :

« L'un de nos plus renommés aliénistes, le docteur Q. K. C.... directeur de la maison d'O... T..., nous adresse la lettre suivante :

« Monsieur le rédacteur,

» Les feuilles du soir ont fait grand bruit de certaine aventure tragi-comique qui a mis, hier, en émoi, la tranquille population de la rue de Sévigné.

» On a dit que tous les pensionnaires de mon établissement avaient pris la fuite et porté la terreur dans un quartier de Paris.

» Ceci mérite explication.

» Depuis quelque temps, j'ai été obligé d'ajouter à ma maison principale un pavillon destiné au traitement d'une maladie mentale qui semble affecter plus particulièrement les personnes des deux sexes, livrées à la lecture habituelle de certains récits que j'appellerai *les romans saignants*.

» Les feuilletons du *Petit-Canard*, qui se débitent par centaines de mille, me fournissent spécialement la plus grande partie de ces cas particuliers.

» Ce n'est pas tout à fait de la folie, c'est un ramollissement de la pulpe cérébrale qui se rapproche davantage de l'innocence.

» Ces malheureux voient partout des poignards, du poison, des trappes, des pièges, des embûches de toute sorte ; Paris leur apparaît comme une immense ratière où l'on ne peut plus faire un pas sans rencontrer la mort.

» Le feuilleton traitant des avortements, des vapeurs de charbon, des suicides par amour, nous amène quantité de jeunes filles dont l'innocence a été gâtée par ces lectures malsaines.

» Ceux par contre où il est parlé de morts violentes par la noyade, les sauvages embuscades, les morsures d'aspic à tête noire, la strangulation, etc., nous font regorger immédiatement de vieillards et de jeunes hommes idiotisés par ces récits pernicieux.

» D'habitude, mes pensionnaires sont bien tranquilles. Hier, malheureusement, le vieil infirmier qui les garde était de noce. Ils se sont échappés et sont venus jouer dans un taudis une scène de leurs drames favoris.

» En somme, pour tous dégâts, il y a eu un carreau de cassé et le bris d'un loquet donnant accès dans la cave d'un rôtisseur. L'indemnité a été réglée et soldée.

» Je vous prie, M. le rédacteur, de porter ces

faits à la connaissance du public, en acceptant l'assurance de ma parfaite considération.
Signé : « Q... K... C..., docteur-médecin, directeur de l'asile centrale d'O... T... pour les aliénés des deux sexes. »

FIN

LE LUNATIC-CLUB

AU LECTEUR

Si incohérente que puisse paraître cette histoire, je me détermine à la faire connaître, parce qu'elle contient des renseignements assez curieux sur la vie du docteur Faust, sa vie privée. Au besoin, cette histoire pourrait aussi servir comme notes à consulter pour l'histoire de Don Juan.

Elle me fut contée par un vieil ami qui en a vu et connu presque tous les personnages.

Parmi ces pauvres diables qui s'intitulaient eux-mêmes les « lunatic-clubmen », il ne connaissait personnellement que Faust. Un jour seulement, il entrevit Don Juan dans une heure tragique.

Il ne savait pas au juste ce qu'était ce Don Juan qu'on appelait aussi le comte de Palikaran. De Faust seul, il pouvait parler pertinemment parce qu'en somme, ils avaient été camarades de collège, et, s'étaient rencontrés dans la suite pour vivre un peu de la même vie.

Je laisse donc la parole à mon vieil ami qui vous dira mieux que moi ce qu'étaient les affiliés du *Lunatic-Club*.

LE LUNATIC-CLUB

I

RENCONTRE

Faust était natif de Huelgoat, dans le Finistère, il était donc breton, et se nommait de son vrai nom Jehan Romanet de Graal. Au collège de Brest où il se trouvait vers 1865, il avait d'assez bonnes notes, quoiqu'il lut en cachette des livres du dehors.

Il mordait assez à l'Ovide, et on aurait pu faire quelque chose de lui sans le cours de littérature de la Harpe. Mais la littérature de la Harpe l'exaspérait. Par haine pour la Harpe et sa littérature, il avait inventé le romantisme que l'on ignorait encore dans le Finistère.

Un jour même il poussa l'esprit de sédition jusqu'à introduire en classe un volume d'Alfred de Musset.

Notre professeur de seconde, un excellent bonhomme que nous avions surnommé le père

Dixi, parce qu'il plaçait ce mot à chaque instant, ayant confisqué le corps du délit, saisit Jehan par une oreille, et lui dit en bon français :

— *Insignis autem Nebulo*, Jehan! chez vous, la perversité n'attend pas le nombre des années! Où prenez-vous ces bêtises-là? « Avez-vous vu dans Barcelone! » « Pâle comme un beau soir d'automne! » « Sur le clocher bruni! » « La lune comme un point sur un i! » *Risum teneatis!* Je vous chasse, *miserrime puer!* Fuyez, à moins que vous n'acceptiez la honte de vous prosterner au milieu de la classe. *Sic Jubeo, dixi!*

Je dois faire observer, que le père Dixi appartenait à la vieille université. Si de nos jours, nombre de professeurs sont encore très drôles, ils ont un autre genre de comique.

Jehan ne voulut pas se mettre à genoux ; il préféra l'exil au déshonneur. Mais avant de s'en aller, il commit un nouveau forfait. On trouva le lendemain, le cours de littérature de la Harpe plongé dans l'huile d'un quinquet.

En apprenant cela, le père Dixi s'écria :

— *Proh! scilicet deûm aut hominum pudor!* je lui aurais pardonné : que dis-je? je lui pardonne encore. Qu'on se hâte, qu'un serviteur dévoué fasse diligence vers sa famille et lui tienne à peu près ce langage : « Quand donc la » jeunesse eût-elle la prudence de l'âge mûr? » Qu'il revienne, que tout soit oublié. Soyons » amis, Jehan, c'est moi qui t'en convie! » *Sic volo lugens dixi!*

Les joues maigres du brave vieillard étaient en effet baignées de larmes.

Jehan ne revint pourtant pas. Il avait un oncle quelque part en Allemagne, qui le fit aller à la petite université de Thubingen.

Je n'ai jamais bien su à quelle époque on le fit interdire, ni pourquoi on le tint quelques années dans une maison d'aliénés. Il est vrai qu'il croyait être le Faust de Goëthe, mais cela ne gênait personne ; il ne faisait point d'alchimie, laissait Marguerite en repos, fermait sa porte à Méphistophélès et cachait son adresse à Wagner. Tout ce qui rend le commerce des docteurs allemands pénible et dangereux lui était étranger ; il ne s'occupait pas de politique, il évitait de parler théologie ou même philosophie. En somme, il eût été difficile de trouver une plus inoffensive créature, un Faust moins fatigant.

Il était paresseux par état et par penchant. Ses parents de Bretagne lui servaient une pension modeste qui lui suffisait amplement pour bouquiner et courir les marchands de bric-à-brac.

Un jour, ce devait être en 1885, après l'avoir perdu de vue pendant près de vingt ans, je le reconnus à l'improviste en face de l'Institut, devant l'étalage d'un bouquiniste qui vendait des estampes.

On était en automne et il avait plu toute la journée ; maintenant, le soleil se couchait dans une cohue de nuages, derrière le pont de la Concorde ; le bleu du ciel, l'or des rayons et le rouge des nuées se mêlaient violemment, ce qui produisait des tons d'un vert magique à la féerie de l'horizon. Les flots de la Seine roulaient lourds comme un métal ; au loin, le jardin des

Tuileries s'arrondissait en sombres bouquets ; tandis que, semblable à une maison qui brûle, la galerie du Louvre renvoyait, par chacune de ses fenêtres, des brassées d'émeraudes et de rubis.

Le pont des Arts était plein de gens qui regardaient cela en répétant la phrase sacramentelle : « Un peintre n'oserait pas mettre ces couleurs dans son tableau. » Je connais plusieurs peintres et je sais que ces artistes ne craignent rien ; ils osent tout, mais, hélas ! ils ne peuvent pas tout ce qu'ils osent.

Entre le pont et l'Institut, des flaques d'eau, obliquement frappées par la lumière en débauche, miraient un jour éblouissant, mais louche, où s'allongeaient les ombres des passants.

Je crois me souvenir que six heures sonnèrent en ce moment à l'horloge des Immortels.

Il faisait une chaleur lourde et je hâtais le pas, car tout cet incendie de l'occident menaçait une averse prochaine ; quand, tout à coup, je remarquai, sur le pavé, une paire d'ombres grêles et sans fin produites par les jambes d'un homme que la lumière prenait à revers.

Mon regard se releva de l'ombre aux jambes, puis au torse, puis au visage et je me dis sans étonnement aucun :

— Tiens ! voici Jehan !

Je lui tendis amicalement la main, comme si le quart d'un siècle ne se fût pas presque écoulé depuis notre dernière rencontre. Il ne parut pas plus surpris que moi et répondit à mon étreinte en disant :

— Bonsoir, ça se trouve bien ; tu vas m'aider à éviter Werther qui m'assomme ; faisons semblant de causer nous deux.

— Va bien? Werther, ajouta-t-il en s'adressant à un garçon très pâle et un peu joufflu qui descendait vers la rue de Seine. Quel temps malsain! Je suis en affaire avec monsieur, mon bonhomme. A te revoir!

Tous les Teutons peuvent s'appeler Werther et je ne fis aucune attention à ce nom célèbre.

Jehan se retourna vers moi et me posa cette question singulière :

— Es-tu toi-même?

Je ne compris pas bien et je cherchai le sens de sa parole dans ses yeux.

Je n'avais pas encore remarqué ses yeux ; il les avait bleus, pailletés de jaune. Le jour oblique et faux qui nous entourait, produit par le cahos de lumière dont j'ai parlé, y mettait des reflets singuliers qui me causèrent un malaise. Je me rendis compte tout à coup de ce fait, que Jehan n'avait pas assez vieilli, eu égard aux vingt ans écoulés depuis le jour de notre séparation, et cela m'expliqua pourquoi, son premier aspect ne m'avait point étonné.

Il était beaucoup plus joli garçon qu'autrefois, bien que toute sa personne exhalât je ne sais quel parfum moral inquiétant.

Il reprit en me serrant cordialement la main :

— Je suis très content de te voir. Parle-moi du bon vieux temps. Qu'est devenue Stella la fille du père Dixi?... Te souviens-tu du volume de Musset?... Quel honnête homme cela faisait, j'entends le père Dixi? Et pourtant, sans lui je serais encore Jehan Romanet de Graal, à Huelgoat (Finistère). Or, au lieu de cela, je suis Faust, ou plutôt un des Fausts, car nous sommes beaucoup de Fausts, en Allemagne!

Il poursuivit en baissant un peu la voix :

— Ça m'est arrivé à Weymar, par une nuit sombre, j'avais passé la soirée entre la tombe de Goëthe et la tombe de Schiller ; voilà juste dix-sept ans. La chose me pendait à l'oreille et j'en avais depuis longtemps le pressentiment. Tout à coup, après le souper, le souvenir de Marguerite me vint si fort que le cœur me manqua...

» Pauvre belle Marguerite ! La seule jeune fille qu'il y ait eu jamais sous le soleil !

» Tu me demanderas si je l'ai vraiment connue, qu'est-ce que cela fait ? Elle m'appelait, dans la brume, le vent du soir me disait son nom et passait ses cheveux blonds mouillés sur mes lèvres. Ah ! ils sont misérablement fous ceux qui disent que je ne l'aimais pas !

» Figure-toi, bien que je voulus résister à cet entraînement, car pourquoi étais-je Faust, tout à coup, en allemand ? Il y avait là quelque chose d'obscur ! J'avais été Jehan ; je me souvenais de mon nom breton et de ma mère, la chère bonne femme ; mais contre l'évidence, à quoi sert-il de se raidir ? Quelle voix, sinon celle de ma propre mémoire, eût murmuré distinctement dans mon âme ces bien-aimées, ces terribles paroles de la jeune mourante :

« Je veux te nommer les tombes dont je te
» recommande le soin dès demain. Tu donne-
» ras la meilleure à ma mère que j'ai tuée, mon
» frère tout auprès d'elle, moi avec le petit sur
» mon sein, un peu de côté, mais pas trop loin.
» Personne autre ne voudrait reposer près de
» moi... [1] »

---

1. Goëthe, *Faust*, traduction d'Henri Blase.

Pendant qu'il récitait ces phrases lentement, sa main serrait la mienne avec une vigueur convulsive ; deux larmes brûlaient sa paupière.

Il reprit :

— Moi, je dis, la voyant mourir dans sa beauté sans pareille : « Pourquoi suis-je né ? » Mais je l'abandonnai ! Moi, Faust !... Oui ! je fis cela ! c'était indispensable pour le plan de la tragédie !

Tout tremblant, il s'appuya à mon bras.

Le vent venait, balayant le pont des Arts et fouettant les premières gouttes de l'ondée. La galerie du Louvre avait éteint ses croisées qui maintenant étaient de plomb. Les nuages olivâtres rampaient à l'horizon sur la lumière.

Les yeux de Jehan étaient fixés vers l'ouest, plus sombres que le ciel lui-même. Sa pensée semblait grande comme la révolte des vapeurs amoncelées sur le soleil vaincu.

Il murmura d'un ton de résignation amère :

— Jamais je ne devrais acheter de parapluie ! j'ai encore laissé le mien dans l'omnibus.

Ces mots *parapluie* et *omnibus* qui appartiennent énergiquement au vocabulaire usuel, loin de me choquer dans la bouche de Faust, comme la décence l'eût voulu, produisirent en moi une impression agréable.

N'ayant pas bien présente à l'esprit l'œuvre énorme de Goëthe, je ne voudrais pas affirmer qu'il n'employa jamais une seule fois l'un ou l'autre de ces substantifs désignant deux des plus humbles produits de la civilisation moderne. Je suis sûr du moins que, dans Goëthe, le docteur Henri Faust, soit à cause de l'époque reculée où il vivait, soit par suite des mœurs du poëme, ne se sert ni d'omnibus ni de parapluie.

Mais comment dire cela? il ne s'agissait pas du tout de Goëthe, il s'agissait du pauvre Jehan qui était Faust, c'est-à-dire insensé et déplorablement fou.

Il me plaisait du moins de voir que sa folie était au fond assez bonne personne, car je connais des Faust qui vous tiennent le cou tendu systématiquement pour regarder en l'air, pardessus les clochers, les moulins, voir même les montagnes. C'est gênant à la longue.

J'étais content aussi du souvenir donné à notre amie d'enfance, cette jolie petite Stella, la nièce du papa Dixi. Le lecteur sera bien aise d'apprendre en passant qu'elle avait épousé un capitaine au cabotage. Elle habitait Quimperlé et n'avait jamais lu une seule ligne de Goëthe.

Jehan passa son bras sous le mien et poursuivit ainsi :

— Jeunesse, jeunesse! j'en ai eu deux! la mienne que tu connais et celle de Goëthe qui est dans *Faust*. Je suppose que tu sais l'histoire de Faust sur le bout du doigt? Elle est vraie. parole d'honneur!... Je suis par moment très fier d'avoir vécu tout cela, mais j'ai encore de la timidité dans le monde, malgré mon âge. Les femmes voudraient me flairer le cœur comme un flacon de sels, à cause de Marguerite; elles me savent gré de l'avoir tuée... La Marguerite d'Ary Scheffer est de glace, ne trouves-tu pas? Mais la vraie Marguerite, oh! la chère âme! comme elle aimait! Ce n'était pas l'ardeur d'une fournaise; l'Espagne aussi bien que l'Italie ne nous envoient que des coquines ; c'était la blonde, la suave température du soleil de Weymar...

» Personnellement, je crains les courants d'air, sans cela, il m'eût été doux de contempler à loisir ces admirables nuées, là-bas, du côté de Passy ; elles me rappellent très suffisamment ma nuit romantique de Walpurgis...

» Te souviens-tu ? c'était le lendemain du jour où Valentin, le frère de Marguerite, tomba mort d'un coup d'épée.

» Le Harz, mon cher, est plus grand, vu à travers un meurtre !

» Comme étrangement reluit le crépuscule boréal qui « pénètre jusque dans les abîmes !
» Là, monte une vapeur, ici, à travers un voile
» de brume, flambe une clarté, tantôt se déroulant comme un léger fil, tantôt jaillissant
» comme une source vive. L'ouragan se démène
» dans l'air, il frappe ma nuque à coups redoublés... ¹ »

Jehan ramena son collet sur ses oreilles et ajouta :

— Pauvre Valentin ! brave garçon, mais soudard allemand ! Il mourut avec mauvaise humeur...

» Vois donc combien ces giboulées de septembre sont semblables aux orages de la vie ! Voici déjà, derrière la tempête, le sourire du soleil, et les nuées se consolent effrontément comme le deuil des jeunes veuves qui se termine en rose. Traversons le pont, nous irons dîner au Club. L'existence est courte et amère. *Gaudeamus igitur !*

1. Gœthe, *Faust.*

Cette idée de dîner lui inspirait évidemment une douce gaieté.

Bras dessus, bras dessous, nous longeâmes le pont, tandis qu'encore une fois le couchant, changeant de toilette, se diaprait dans des voiles écarlates bordés de franges irisées. Les arêtes de l'eau avaient, par le reflet, des teintes de minorange pourprée.

C'est à peine si jusque-là j'avais parlé. Le regard content et bienveillant que Jehan jeta sur moi, en rabattant le collet désormais inutile de son paletot, m'encouragea à faire cette question :

— Pourquoi m'as-tu demandé, en m'abordant, si *j'étais moi-même ?*

Jehan me répondit avec un peu d'embarras :

— J'ai eu tort. C'était l'envie que j'avais d'emmener un vieux camarade comme toi dîner à notre taverne ; mais tu me forces à entrer dans ces considérations extrêmement délicates. Je t'ai demandé si tu étais toi-même, parce que moi, *je suis !*...

» Malheureux ! ne regarde pas sur le quai à droite, voici venir Robinson Crusoé. Ce n'est pas une méchante créature, mais il pousse la prolixité jusqu'à l'outrage...

» Au collège, tu avais quelque intelligence, si tu l'as gardée, tu dois comprendre qu'il s'agit, entre nous, d'un monde inconnu ou vulgaire puisque, soulevant un coin du rideau, je t'ai montré déjà deux gentlemen du club : Werther et Robinson.

— Quoi ! m'écriai-je bêtement, c'était le vrai Werther !

— Oui, mon frère aîné en Gœthe, répliqua

Jehan, mais quelle différence entre ce lymphatique et moi ! Quant au vieux Robinson, c'est solide, bien établi, quoique Anglais en diable...

» A propos d'Anglais, qu'est-ce que tu penses de lord Byron, toi ? As-tu remarqué le décalque des défauts physiques sur l'esprit ? Lord Byron était beau, mais il boitait, je gage que tu n'as jamais vu un homme louche garder l'équilibre complet du cœur ou de l'intelligence ? C'est fatal. Un génie louche serait un danger public.

» Lord Byron boitait avec génie, ou si tu veux, c'était un génie qui boitait ; trop fier avec cela pour se servir d'une béquille. Son premier pas est un essor : vous diriez qu'il va escalader le ciel en se jouant et rapporter la foudre dans sa poche. Son second pas doute, c'est-à-dire boite, c'est le vol de l'aigle estropié.

» Byron est le plus grand des Anglais après Shakespeare, mais Shakespeare marchait droit, et il était Saxon de pied en cap ; Byron, le Normand, ne croit même pas à la tant vieille Angleterre. Le meilleur de lui vient d'Espagne, de Grèce ou d'Italie. L'Orient le berce ; on ne boite pas en palanquin... Lovelace, un vrai Anglais, celui-là, plus Anglais que l'Angleterre même, dit une chose assez juste, il dit que ce n'est pas lord Byron qui a fait Don Juan, mais bien Don Juan qui a fait lord Byron...

» Où dînons-nous ?

» Notre vieux maître, le père Dixi, me glissait sournoisement une tranche de veau, quand il me mettait au pain sec. Quel noble cœur !...

II

LES SOUVENIRS DE FAUST

Certes, c'est l'aventure la plus comique du monde que la rencontre d'un fou, et il n'est point rare de trouver des malheureux raisonnant positivement sur les sujets les plus ardus, mais qui arrivent à ponctuer la dernière phrase de leur thèse par cette conclusion inattendue :

— Du reste, vous pouvez bien m'en croire, je suis Platon.

Charenton est plein de Césars, on y compte deux Charlemagne, deux Leibnitz, trois Christophe Colomb et seize Mathieu (de la Drôme). Encore sommes-nous, en fait de manies, bien plus sobres que nos voisins.

Il m'a été donné de visiter quelques *Asylums* de Londres et des Comtés. Le nombre des lunatiques anglais passe la vraisemblance, et un médecin fou, très savant, qui dirige un de ces « asiles », me dit une fois, à Hampton, que le ramollissement endémique des trois royaumes serait, dans quelques années, un fait accompli.

Ce fou médecin avait acheté à Paris, quelque

part où ces objets se vendent, le bidet de madame de Pompadour et la jarretière droite de la princesse de Lamballe. Il s'était adroitement servi de cette dernière pour étrangler sa femme, sa belle-sœur et la mère de ces dames ; à part quoi, c'était un patricien agréable au possible.

Il voyait avec peine l'envahissement du lunatisme qu'il attribuait à l'inflexion nouvelle du *Gulf-Stream* et à la cécité morale du gouvernement de sa Gracieuse Majesté Britannique, la reine Victoria, qui laisse vivre encore quelques Irlandais en Irlande.

— *Irish plague, sir*, me disait-il, *capital obscéneness !* En trois années, plus de cinquante gentlemen, tous amoureux de cette gracieuse femme qui mérite, depuis plus d'un demi-siècle, le respect européen : la Reine, sont morts revêtus de la chemise de bois, dans mon service seulement !

Quand une demi-heure de conversation intime m'eût acquis sa confiance, il voulut bien ne point me cacher pourquoi tous ces amoureux de S. G. M. avaient perdu leur peine. Le cœur de la reine était pris, elle venait chaque soir, après avoir accompli ses dévotions, chanter et jouer du luth sous les fenêtres de son bien-aimé, qui n'était autre que le docteur lui-même.

Il me recommanda le secret, dans l'intérêt d'une si grande princesse et pour n'être point inquiété par le Parlement.

Jehan et moi, nous avions pris un petit cabinet à la taverne dite du « Club ».

Il mangea bien, c'était un sincère appétit.

Après le potage, il me dit :

— Je trouve ta curiosité légitime, Robinson,

Werther, Gil-Blas, Lovelace, *e tutti quanti*, nous formons une petite association sous le nom de *Gentlemen*. Comme notre lieu de réunion est cette taverne, la patronne a eu l'idée de la dénommer taverne du *Lunatic-Club*. Cette appellation définit assez bien l'originalité de notre position sociale.

» Nous ne sommes pas des hommes comme vous autres, nous sommes les Gentlemen du Lunatic-Club !

» Adam ne nous est de rien, nous fûmes créés par les maîtres de l'Idée, non point contre la volonté de Dieu, mais en dehors de son action immédiate.

» Veux-tu mon avis sur moi-même ? Don Juan et moi nous sommes les deux plus larges productions du génie moderne, quoi qu'Hamlet nous soit supérieur peut-être par ses faiblesses et les conclusions si étrangement humaines de son être, je le fréquente peu, il est agaçant comme tous les gens affectés d'une dyspepsie. Don Juan, au contraire, a la gaieté de la santé; il vit à pleins bords et Don Quichotte lui-même, créé tout exprès pour le pourfendre, se laisse aller à l'aimer. Je n'en fais pas mystère, si je n'étais Faust, je voudrais être Don Juan.

» On a dit (que n'a-t-on pas dit) : « En additionnant Faust et Don Juan, vous auriez l'homme complet. » Je ne crois pas un mot de cela, chacun de nous deux est complet. Il y a de l'esprit dans sa matière, comme il y a de la matière dans mon esprit, puisque je doute et qu'il nie. Ce qui nous manque à tous deux, c'est un brin de cœur !

» La mixture que je recommande à ceux qui

ont la rage de compléter est celle-ci : un peu de Don Quichotte dans Don Juan, le gentilhomme qui n'est déjà plus un chevalier ; dans Faust, le curieux effréné, malade de l'angoisse intellectuelle des temps nouveaux, un peu de Don Quichotte. Et servez chaud !

» Je donne la recette comme elle me vient, mais quoi ? mais après ? Ce ne sera plus Faust, ce ne sera plus Don Juan. Tu as dû remarquer ce qu'il y a au fond du travail des critiques, excellents esprits, passant leur vie à retoucher les grandes toiles qu'ils adorent, grattant ici, surchargeant là et finissant toujours par dire implicitement : « Quel dommage que je n'ai pu mettre la main à ce chef-d'œuvre ! » Moi, je m'amuse à mesurer cette impiété des dévots admirant toujours mais regrettant, avec une respectueuse insolence, que ces créations, proclamées par eux inimitables, ne soient pas un peu mieux conçues. Je suis beaucoup moins fort que Don Juan sur la liste des bonnes gens qui se sont occupés de nous, qui nous ont comparés l'un à l'autre, qui nous ont mis face à face ou dos à dos, après avoir ouvert nos poitrines pour voir ce qu'il y avait dedans. Mais je sais que j'ai été beaucoup exalté, beaucoup calomnié. Seul peut-être Gounod a su me comprendre ; il me fait pleurer... en musique !

» N'y a-t-il pas un butor d'Allemand, Grabbe, qui m'a placé avec Don Juan dans le même panier ? Ce Grabbe me fait aimer dona Anna : Moi ! le docteur Faust ! Je ne la connais même pas de vue ! Il me la fait tuer, je n'ai jamais tué personne, pas même Marguerite, pauvre chère fleur ! Elle s'est flétrie à mon contact, parce que je suis la sécheresse de la science humaine, et qu'il faut aux fleurs la rosée de la foi ! Est-ce ma faute ? ma passion était de créer, non point de détruire. J'ai blasphémé comme l'enfance se révolte. Aucun homme n'a en lui la moitié des ambitions d'un enfant et Dieu doit aimer les âmes inquiètes, les âmes rebelles même, puisqu'il est père. Or, Dieu existe, comme le prouve le douloureux travail des douleurs ; l'ombre démontre la lumière. Je vieillis et j'ai besoin de repos. La foi est un oreiller. Ne t'étonne pas si tu entends dire au bout des temps:

» — Faust est mort capucin ! »

— Vous mourez donc aussi ? m'écriai-je. Pour toi, ce n'était pas la peine de permuter.

Avant de me répondre, Jehan but une large lampée de vin du Rhin :

— Il serait absurde de penser, dit-il enfin, que je pusse mener cette vie, extra-personnelle en quelque sorte et positivement inexplicable, sans être tourmenté par quelques objections. Je ne t'ai pas attendu pour m'interroger moi-même. Pourquoi ai-je été Jehan Romanet? Sous quel prétexte suis-je né en Basse-Bretagne? La meilleure bouteille de cidre ne peut jamais devenir un flacon de Steinenberger, c'est positif.

» Eh bien ! tout cela ne me gêne pas autrement. Il y a une transition qui m'échappe, voilà tout. Je confonds Stella et Marguerite, après dîner. Le souvenir qui me tourmente le plus est celui du brave père Dixi, épaisse et débonnaire créature qui ne peut jamais être prise pour un rêve. Sans la haine qu'il nourrissait contre Alfred de Musset, je n'aurais jamais été ni « Maison-Moussue », ni « Renard-Doré » à l'université de Thubingen où le docteur Spiégel Ephraïm m'expliqua la première partie de la tragédie de Faust, c'est-à-dire ma propre existence, mon histoire, mon esprit et mon cœur, avant même que j'eusse appris la langue de Goëthe.

» Le docteur Ephraïm Spiégel était un peu fou, comme tous les gens de quelque valeur : c'est parce qu'il me martela inhumainement le cerveau avec l'œuvre du Maître, que je passai cinq nuits couché tout de mon long entre les deux tombeaux des poètes. Et Marguerite, décédée, profita de l'occasion pour me donner ce long et froid baiser, dans le vent du soir... Ce sont des problèmes si tu veux, mais ce sont des faits ; et puis d'ailleurs, je suis Faust, voilà la certitude.

Il prit un cure-dents et se poignarda les gencives en me jetant un regard de défi, puis, rejetant ses cheveux en arrière, il reprit d'un ton inspiré :

— Creusons la situation, puisque nous n'avons rien de mieux à faire, j'ai des preuves ; je me souviens, comme si j'y étais encore, « de » cette fameuse nuit du vendredi-saint, où je » saisis la fiole d'opium pour franchir, dans le » sommeil, la barrière inconnue qui sépare » l'existence de la mort. »

» J'étais las, c'est vrai, mais il y avait en moi plus de soif que de fatigue, j'entends la plus ardente des soifs, la soif de savoir ce qui est au-delà du tombeau.

» Au moment où j'allais déserter la vie, « toutes les voix de la terre et de l'air se pri» rent à chanter le Christ ressuscité ; le breu» vage s'éloigna de mes lèvres. Comment ou-

» blier le cantique, qui montait enveloppé dans
» les vibrations de l'orage, nuage sonore et pré-
» cédé par l'harmonie des cloches qui parlent
» de plus près au ciel ? »

» Si j'ai mémoire de cela, c'est que je suis Faust créé par le génie d'un homme, je le soutiendrai tant qu'on voudra, et cela m'amène tout naturellement à répondre à ta question. Etant Faust et dans cette condition, comment mourir de la mort des créatures de Dieu ? Non, le bon sens le dit, cela ne se peut pas, et, en effet, depuis que je fréquente messieurs les gentlemen à la taverne du Club, je n'ai jamais vu personne mourir, pas même M. le chevalier de Faublas, qui a ridiculement abusé de la vie.

Je prenais goût à cette singulière causerie; ce petit vin du Rhin de la taverne n'était vraiment pas mauvais, je n'éprouvais pas un passionné désir de descendre jusqu'au fond du mystère, mais je me sentais piqué agréablement par la curiosité.

Je demandai à Faust s'il y avait des dames au club.

Il me répondit affirmativement, et se plaignit même avec quelque vivacité des deux Genevoises, Julie et Corinne : cette dernière surtout lui portait sur les nerfs. Ces dames, du reste, les filles des poètes, étaient toutes, selon lui, des personnes très occupées et tirant fort bien leur épingle du jeu ; il y en avait dans le grand monde, dans le petit et même dans le demi, qui travaillaient ou qui se divertissaient avantageusement.

Mais, circonstance assez singulière, quand je voulus savoir ce que faisait Marguerite, il me regarda d'un œil indigné et s'écria en baissant la voix :

— Ne sais-tu donc pas qu'elle est morte !

Ce mot, dans sa bouche, avait une particulière emphase.

Je lui objectai les renseignements qu'il venait de me fournir lui-même, touchant l'immortalité de la famille des « Gentlemen ».

Il répliqua gravement :

— Marguerite n'était pas une marionnette fabriquée par le génie ; le Maître L'AVAIT VOLÉE !

Et il répéta : « Elle est morte, elle est morte », pendant que deux larmes roulaient lentement sur sa joue.

L'émotion me prit malgré moi, je sentais qu'il disait vrai : le Maître avait dû ravir la fille d'une femme !

L'exquise douceur d'un jeune visage tout pâle et renversé dans les grandes masses d'une chevelure d'or, passa devant moi comme une vision. Oh ! oui, c'était vrai : Marguerite était morte parce qu'elle avait vécue...

Je voulus rompre cet entretien et je parlai d'Hélène ; Jehan baissa les yeux d'un air embarrassé ; voici ce qu'il me répondit :

— La fable de Pygmalion est tendre, cependant je n'y crois pas. Peut-on aimer un marbre, même un Phidias ? Le Maître était déjà bien vieux, en ce temps-là. J'ai vaguement souvenir d'avoir fait un rêve brillant, mais quelque peu saupoudré de pédanterie. Je dus le raconter à ce bavard de Méphistophélès. Le Maître en eût vent et le mit en musique... !! Voilà l'origine du second Faust !

III

LES DISCOURS DE FAUST

Rarement, le vin du Rhin me réussit, quoique parfois il vienne de la Moselle. Cette liqueur, froidement capiteuse, est bonne pour les Germains dont les nerfs sont de laiton, elle les chatouille juste à point au lieu de leur donner comme à nous des courbatures et des migraines.

Quand nous sortîmes de la taverne, j'avais un peu mal à la tête.

Jehan, au contraire, se portait comme un charme.

— Ce qui prouve bien que je ne suis plus Breton, me dit-il, c'est que j'ai besoin, pour faciliter le travail de mon estomac après dîner, de chanter quelques hymnes patriotiques de l'Allemagne. Marguerite m'accompagnait sur son luth. Le bouc, la sorcière et la truie faisaient faux-bourdon...

— Ha! ha! fis-je, nous passons au second *Faust*, à celui qui donna son cœur à Marguerite aussi bien qu'à Hélène. Est-ce encore toi ?

— A te dire vrai, me répondit-il, je ne sais pas au juste. J'ai eu tort de parler du bouc, de la sorcière et de la truie, je ne suis pas très fort là-dessus. Parmi les dix mille personnages du second *Faust*, je n'en connais, tout au plus, qu'une douzaine. C'est une œuvre superbe, mais, quand il la fit, le Maître était déjà plus que vieux, et la légende rapporte qu'ayant voulu se relire une fois, le pauvre Gœthe ne se comprit plus lui-même.

Cette anecdote me fit d'autant plus de plaisir que je connais deux critiques énormes qui admirent la seconde tragédie mystique avec intolérance et tyrannie, quoiqu'ils l'entendent de deux façons différentes et diamétralement opposées.

Or, il est bien consolant pour les simples de savoir que Gœthe était quelquefois aussi et plus embarrassé que ses lecteurs.

Nous avions monté la rue Vivienne, où Jehan salua quelques dames de tournure douteuse qu'il appela Colomba, Blanche de Nevers et sa mère, Blanche de Caylus, madame Bovary, Margarithe et je ne sais plus qui.

— Marionnettes de France ! me dit-il. Vous avez une littérature au tas et votre Parnasse a la hauteur d'un entresol. Victor Hugo aurait valu la peine d'être Allemand ! Les limpidités banales de votre petite langue le gênent... comme elles gênaient Voltaire !... Bonsoir, Jocelin, va m'attendre au Club... Vous êtes en train d'oublier Lamartine... Hé ! hé ! voici ce bon M. Cocardasse, Passepoil ne doit pas être loin...

Il s'arrêta devant le palais de la Bourse et mit ses mains derrière son dos :

— Voilà, dit-il, qui me rappelle l'Allemagne!
Puis, soudain, sa voix devint douce, et il modula plaintivement :

— « Je vois filtrer des courants
A travers les pierres creuses.
Est-ce un murmure, des chants,
Ou des plaintes amoureuses ?
. . . .
Le hibou, le chat-huant, l'orfraie
Sont éveillés dans les ifs...
Houlou ! Chouhou ! quels cris plaintifs !... »

Il s'interrompit brusquement pour dire :
— S'il y avait seulement une inscription latine sur le fronton, comme par exemple : « *Musagetos Heliconiadum que Choro !* » on se croirait à Leipsig ou à Dresde.

Il essuya une larme et poursuivit avec une profonde émotion :
— Je ne vois aucun sergent de ville aux environs, il est donc permis de s'exprimer avec franchise.

» A quoi sert la France sur la carte du globe? Vous n'avez qu'un temple grec et vous y mettez l'or des Juifs. Petite musique, petite peinture, architecture d'arlequin, poésie qui ne sait pas l'orthographe, politique d'un sou, tirée à cinq cent mille exemplaires, salissant tout ce qui vous touche, jusqu'à la liberté ; n'ayant plus de croyances et n'ayant pas encore de philosophie; c'est trop grand pour un café, ce n'est pas assez décent pour une église. Est-ce un théâtre ? Alors, sifflons ! Est-ce une auberge ? qu'on m'apporte ma note ! Vous n'êtes rien, vous ne valez rien, vous ratez tout, même le blasphème. Voltaire vous détestait, vous méprisait, vous fustigeait. Il n'avait que cela de bon, aussi vous adorez la salive qu'il vous cracha au visage.

» Je crois remplir un devoir d'homme instruit et civilisé en traduisant le *delenda Carthago* de ce vieux radoteur Caton en criant : à bas la France !

Au moment où j'allais lui faire observer qu'il dépassait les bornes et qu'un pareil discours prononcé en France était non seulement subversif, mais imprudent, cinq jeunes gens qui l'avaient entendu s'élancèrent sur lui, la canne levée.

Il ne fut point étonné de ce danger, en face duquel il montra de la dignité et du sang-froid.

Au lieu de repousser la force par la force, il saisit ma main qu'il posa sur sa poitrine noblement :

— Vois si mon cœur bat plus vite ! fit-il.

Puis, élevant la voix, il harangua la multitude en ces termes :

— Mesdames et messieurs, vous pouvez frapper, mais qu'aurez-vous prouvé ? Les frontières n'existeront plus au milieu du prochain siècle, on parlera une seule langue ; en sera-t-on plus avancé pour cela ? Pilez le monde dans un mortier, vous n'en retirerez jamais que le monde. J'ai le droit de vous parler ainsi, car je suis celui qui peut dire, dans tous les idiomes connus :

« Philosophie, jurisprudence et médecine,
» pour mon malheur, théologie aussi, j'ai tout
» approfondi avec une ardeur laborieuse, et
» maintenant, me voici, pauvre fou, aussi sage
» qu'auparavant. J'en sais plus que tous les

» maîtres, clercs ou moines, aucun scrupule ne
» me tourmente, je ne crains ni enfer, ni diable,
» aussi toute joie m'est ravie... » '

Devant cette improvisation, chacun s'était enfui d'un même mouvement.

Loin de tirer vanité de ce succès si remarquable, Jehan restait quelque peu honteux.

— Don Juan se serait fait ici une méchante affaire, me dit-il. Les occasions où il est rossé sont innombrables, c'est son état, mais moi, professeur, je dois toujours garder les apparences.

» Arrête-moi, si je tombai de rechef dans la même faiblesse.

» Du reste, il ne m'en coûterait pas davantage de crier vive la France, le fond de mon caractère est l'impartialité.

Nous continuâmes notre route en silence et je me gardai de l'exciter à parler.

Au passage des Panoramas, il refusa d'accepter un cigare et alluma sa pipe de porcelaine.

Il m'arriva de le regarder pendant que le jet de gaz du bureau de tabac éclairait sa figure. Je n'avais pas encore remarqué ce grand front qui allait se dégarnissant, ces yeux longs, abrités par de fines touffes de sourcils, ce nez hardiment aquilin dont les narines avaient de tranchantes arêtes. Autour de ses lèvres, la flamme du bec pâlissait, un soupir intelligent et triste se jouait.

Avec le costume voulu, Jehan aurait vraiment fait un joli Faust de théâtre.

J. Goëthe, *Faust*.

Au bout du passage, il y a justement un marchand de bronzes qui vend des Faust appartenant à l'art industriel : la ressemblance entre Jehan et le sujet des pendules me frappa.

Et, l'avouerai-je, quelque part, aux environs, une boîte à musique ayant balbutié huit ou dix mesures de Gounod, j'éprouvai tout à coup un grave attendrissement. Peu à peu la forme venait. Un vent de poésie entrait en moi et, insensiblement, ma curiosité éveillée grandissait. Ce n'était pas précisément Jehan qui en était l'objet, je songeais surtout à ses confrères et amis.

A l'heure où nous avions été à la taverne qu'il m'avait dit être leur lieu de réunion, elle était déserte et je n'y avais par conséquent pas fait de curieuses remarques. Pourtant, quand j'avais dîné avec Jehan, mon esprit était moins tendu qu'en ce moment où je ne pouvais m'empêcher de me demander quelle pouvait bien être la fantastique salle où se réunissaient, en plein Paris et à cette époque, Don Juan, Don Quichotte, Robinson, Werther, Jocelin, Corinne, madame Bovary, Justine et bien d'autres, sans doute, fils et filles des grands, des moyens et des petits génies.

Etait-il permis de supposer qu'il y eût, dans la capitale du monde civilisé, une pareille société de fous, frappée ainsi d'une manie congénère ?

N'était-il pas, au contraire, mille fois probable que cette bizarre confrérie existait uniquement dans le cerveau timbré de mon ancien camarade de collège ?

Et cependant, j'avais vu passer Werther, on

m'avait montré Robinson Crusoé, Blanche de Nevers, Colomba...

— A quoi penses-tu ? me demanda brusquement Jehan.

Et comme je ne répondais pas, il ajouta, comme si une colère lui eût monté tout à coup au cerveau :

— Votre Paris est arrivé à un point de décrépitude étonnant. Au sortir d'un théâtre, après le cinquième acte de la *Belle-Hélène* ou des *Pilules du Diable*, les mères de famille les plus forcément respectables essayent de ressembler un peu aux poules des bois sacrés qui prennent leur pâture tout le long du boulevard.

» J'ai nommé les cocodettes !

» Les mères de famille sont donc fières d'avoir vu la petite bête du papa ; elles en causeront le soir avant de se coucher avec leurs filles. Et oui, avec leurs filles ! Ah ! ce Paris, les jeunes filles de seize ans y sont perdues de vices !

Il s'interrompit pour reprendre bientôt :

— Mais pourquoi ne pas aborder franchement la question ?

» Voilà ce qui te tourmente, tu te dis : Sous quel prétexte la famille de mon ami Jehan lui fait elle une pension de plusieurs milliers de francs par an, s'il est vraiment le docteur Faust ?

» Je vais te répondre catégoriquement : l'objection est plus spécieuse que concluante, outre que cela ne te regarde en aucune façon !... T'ai-je demandé ta sœur en mariage ou de l'argent à emprunter ! Cet argent est pris sur mes revenus personnels, je ne coûte pas un centime à la Bretagne, mets-toi bien cela dans l'esprit.

» Ton syllogisme n'a donc pas le sens commun et je suis bien naïf de perdre un temps précieux à réfuter de pareilles arguties.

» Suis-je Faust? voilà le point en discussion. Eh bien, pour soutenir que je ne suis pas Faust, il faudrait le prouver, puisque j'ai la possession d'état. Le Droit romain est formel, et tous les codes modernes en découlent, comme feu M. Daguerre a eu le malheur d'engendrer tous les photographes!

» Du recueil formé sous les auspices de Napoléon Ier, je ne dis rien, il y a nécessairement du bon dans cette compilation, mais le Code civil fût-il contre moi (ce qu'absolument je nie), j'aurais encore en ma faveur les lois de l'Allemagne, la coutume de l'Allemagne, la jurisprudence de l'Allemagne et la raison de l'Allemagne.

» Tu fais preuve à la fois d'un mauvais cœur et d'un méchant caractère. Es-tu commissaire de police? alors, mets ton écharpe; j'ai mon passeport en règle, visé à la légation de Saxe. A moins que le droit des gens ne soit désormais qu'un vain mot, nul ne peut s'opposer à ce qu'un docteur ès-quatre facultés foule l'asphalte d'un pied libre...

Il s'arrêta tout à coup et murmura avec tristesse :

— Si tu n'es pas le dernier des malfaiteurs, cache-moi, voici Méphistophélès!

Il avait parlé avec beaucoup d'animation, s'exaspérant lui-même, sans qu'il y eût la moindre complicité de ma part, car je restais muet. Le vin de Silex produit quelquefois de ces accès d'atrabile, même chez les gens vains d'esprit.

Sa voix tomba soudain pour prononcer ces dernières paroles ; il avait l'air effrayé.

Je me mis avec empressement entre lui et le diable, mais ce n'était qu'une fausse alerte. Trompé par une ressemblance assez vague, Jehan avait pris pour Méphistophélès un spirituel éditeur qui allait se coucher honnêtement.

— J'avais cru reconnaître, me dit Jehan, non pas le véritable archange déchu, mais mon ennemi intime, Firmin Jubio, de Nancy, qui s'est trouvé par hasard être Méphistophélès, tout comme je me suis trouvé être Faust. Cela arrive, je l'ai fait mettre à la porte de la taverne pour habitudes peu honorables, je ne serais pas surpris qu'il essayât de m'assassiner ou tout au moins de détériorer mes vêtements au moyen de produits chimiques...

» Pour en revenir à tes prolixes et déloyales objections...

Je l'interrompis d'un ton doux et lui fis observer que je n'avais nullement mis en doute son identité.

— Si tu parles toujours, me répondit-il aigrement, tu comprends que je n'aurai jamais mon tour. Vous autres Français, vous êtes plus bavards que des journaux ! Le seul Français qui ait fait sur moi une grande impression, c'est ce pauvre père Dixi, encore était-il Latin, son nom l'indique suffisamment.

» J'entends souvent dans mon souvenir sa voix qui semblait gluante comme une bouillie, quand il me disait : « Jehan, *lugende puer*, vous déclinerez sept fois, sept fois, le nom commun ou substantif *Balatro*, comme un faible châtiment de vos forfaits. *Interdum, fave lingua*, traduction : Donnez-nous la paix, sinon je porte le carré au cube, ce qui produira trois cent quarante-trois déclinaisons à votre débit, *nebulo... Dixi !...* »

» Mais avais-tu deviné pourquoi Stella gardait toujours ses jolis petits doigts tachés d'encre ? c'était par dévouement. Elle savait prendre une grande écriture pointue qui ressemblait à mon griffonnage et la moitié de mes pensums, c'était elle qui les brochait, au lieu de ravauder les bas poivre et sel de son père.

» Elle détestait La Harpe autant que moi...

» Tu n'as pas oublié la vieille maison enfumée de notre professeur ? Le premier étage pendait sur le porche vermoulu, comme un pauvre s'appuie sur ses béquilles. En approchant, je chantais, et c'était du Musset, sa bête noire :

« Assez dormi, ma belle,
Ta cavale isabelle
Hennit sous tes balcons...

» De balcons, point ; non plus que de cavale isabelle ; il n'y avait que moi avec mes livres bouclés dans ma courroie.

» Elle s'éveillait, ma Stella chérie, elle ouvrait les châssis dégingandés de sa lucarne et je voyais passer son sourire à travers les feuilles rares et les fleurs purpurines de deux haricots d'Espagne qui étaient tout son bonheur.

» Ah ! je les vois encore les deux lianes sobres et sveltes, comme celles qui s'enroulent autour des vases antiques, dessiner une ogive grêle et encadrer ce visage d'enfant.

» Etait-elle jolie ? Je ne sais. Je me souviens seulement que j'étais gai toute la journée quand le soleil matinal, prenant part à notre fête, avait miré un rayon dans ses yeux bleus. Elle me suivait du regard tant que je descendais la rue et alors, au moment où j'allais tourner le coin qui cachait la porte du collège, ses lèvres roses baisaient l'encre, que mes crimes et sa miséricorde mettaient au bout de ses doigts.

» Ah ! La Harpe ! pédant mollasse ! La Harpe du *Cours de littérature* et de *l'Abrégé des voyages*, admirateur d'*Alzire*, amoureux transi de *Mérope*. La Harpe, quintescence de cuistre, soit maudit !

Il termina enfin cette imprécation déplacée parce qu'il me vit enfoncer mon chapeau sur mes yeux.

Les gens qui sortaient du théâtre nous entouraient, croyant à une dispute entre nous ; quelques jeunes dames même semblaient espérer des voies de fait.

Jehan se redressa et leur dit d'un accent sévère :

— J'ai beaucoup voyagé, comparant l'une à l'autre les diverses parties du globe. Chaque pays, chaque contrée a ses infirmités. La vôtre, ô Parisiens ! est le rire. Vous aimez la parodie de la pure antiquité, parce que vous êtes la vivante parodie des Athéniens : le seul peuple de l'univers qui, avec vous, ait poussé la naïveté jusqu'à dire : « Je suis le peuple le plus spirituel de l'univers ». Les autres se bornent à le croire, et c'est leur avantage sur vous.

» Ah! que ce théâtre est bien votre théâtre, Français de la décadence! Riez en glissant, riez en tombant, riez des rois, des peuples et des dieux; riez de tout, de la grandeur, de la douleur et de l'honneur! Je vous regarde rire et cela me plaît.

» Mais pendant que vous vous abaissez, obéissant au vertige de la chute, moi, je suis pris de l'autre vertige qui monte fatalement vers les précipices d'en haut :

« Deux âmes habitent en moi, et l'une tend
» toujours à se séparer de l'autre; l'une, vive,
» passionnée, toute à ce monde, s'y tient et s'y
» cramponne par les organes du corps; l'autre,
» secouant avec force la nuit qui l'environne,
» s'ouvre un chemin au séjour des cieux [1]. »

» Dormez en paix cette nuit, et revenez rire demain, sans oublier pourtant qu'à force de rire, on pleure!

» A l'avantage de vous revoir, je vous salue!

Il s'éloigna d'un pas noble, tandis que les familles honorables qui sortaient des Variétés se demandaient si le spectacle les poursuivait jusque dans la rue.

---

[1]. *Faust.*

IV

LA PROMESSE DE FAUST

J'avais autrefois un vieux médecin, ennemi acharné de toute pharmacie, qui recommandait mensuellement une petite débauche aux personnes vertueuses.

Etant très vertueux, il s'en ordonnait deux à lui-même ; ses héritiers moururent avant lui.

Ma petite débauche, à moi, était d'écouter les insanités du Faust de Huelgoat (Finistère).

Ils sont bien rares ceux qui peuvent se vanter d'avoir de point en point suivi leur vocation. Or, comme le disait mon vieux médecin, les écoles buissonnières ne peuvent nuires quand on ne les renouvelle pas trop souvent.

Je restais avec Jehan, parce que je voulais savoir !

Il y avait des moments où je me demandais s'il n'était point possible qu'un caprice eût fait animer réellement toutes ces prodigieuses statues, œuvres du génie humain.

Je tâcherai d'exprimer avec clarté ma pensée

qui était très subtile et fort blasphématoire ; je me disais, mesurant la distance qui séparait Jehan du vrai Faust : l'audace de ces titans a marché sur les brisées du Créateur, ils ont produit des œuvres plus belles à notre sens humain. Le ciel ne s'en venge-t-il pas doucement et majestueusement par ce seul fait d'introduire dans les corps d'hommes ces âmes qui ne sont pas de calibre ? Je trouve peut-être matière à sourire en voyant comment se comportent ces fabrications de contrebande, cotées haut par la critique, mais qui, dans le vrai de la vie, ne sont pas sensiblement différentes des déchets de la véritable manufacture, les fous : j'entends les fous au tas, les fous les plus vulgaires.

En somme, il ne faudrait pas trop se plaindre ici-bas d'une telle raillerie ; il y a loin de cette épreuve un peu humiliante, mais miséricordieuse, aux façons de l'ancien Jupiter qui livrait aux becs des vautours le cœur des ouvriers qui avaient voulu lui faire déloyale concurrence.

Certes, il y avait un élément de beauté jusque dans la copie offerte par Jehan, ce pâle comédien, jouant son rôle de volcan éteint, avec bonne foi ; mais je ressentais de la pitié pour lui (de la pitié pour Faust !) et je m'avouais que ma compassion eût été bien plus grande, sans la fièvre de curiosité qui me tenait.

Les autres ! les autres ! je voulais voir les autres puisqu'ils existaient, ces FILS DE PROMÉTHÉE, puisqu'ils avaient formé une société, puisque Paris possédait, à son insu, cette invraisemblable *curiosité* : le *Lunatic-Club !* ou pour mieux dire *le Cercle des fous !*

Quel est celui d'entre nous qui n'a donné six sous pour entrer dans un salon de cire, le Musée Grévin, par exemple, pour contempler la navrante injure du ridicule infligée aux grands hommes par l'art du perruquier ? Ce n'est rien pour Napoléon vaincu que d'avoir rôti sur une brique anglaise à Sainte-Hélène : je n'ai bien mesuré son malheur qu'en le voyant, poupée horriblement ressemblante, courte, luisante, dodue, éveillant l'idée d'un saucisson qui finirait en paire de bottes et qu'on habillerait d'une lévite grise, en le voyant, ce redoutable empereur, braquer sa lorgnette de carton sur Lacenaire, mieux empaillé que lui et bien plus apprécié par les amateurs !

Car il y en a de ces amateurs. Ils s'extasient devant le cadavre d'Auber, assassiné par le trop célèbre Martin Fenayrou que menace de son épée de bois l'héroïque commandant Henri Rivière. Ils s'extasient devant Gambetta qui, de son doigt de cire, désigne la petite Samary occupée à mirer le nu de son torse de cire, en s'écriant sans doute : « Le catholicisme, voilà l'ennemi ! »

Il y en a de ces amateurs. Les jeunes contemplent le général Pitié ou l'amiral Avelan. Les vieux s'arrêtent devant Lesseps et soulèvent furtivement la jupe courte de sa petite fille, pour contempler, d'un œil avide, des cuisses de cire !

Sans être riche, j'aurais bien donné quelque chose pour acquérir le droit de me glisser dans cette autre barraque où se rassemblait, modelée non pas en cire mais en chair, toute une cohue de poupards, bien plus intéressants pour moi que le roi Frédéric ou Cartouche, que le petit

Thiers, ou le grand Rivière, un peuple entier de mannequins sublimes ! ceux qui inspirent la terreur, ceux qui arrachent les larmes, ceux qui font rêver, rire ou tressaillir, depuis les enfants d'Homère jusqu'aux contempteurs de Victor Hugor, en passant par les couvées de Sophocle, de Plaute, de Dante, de Shakespeare, de Racine et de Molière, les paladins d'Arioste et de Cervantès, les prédicants de Goëthe, les briseurs d'images de Byron, que sais-je ? Des beautés, des laideurs, des géants, des nains, des saintes, des démons, sourires angéliques, hideuses grimaces, grappes de héros, guirlandes de princesses et ainsi de suite. Seulement, ce genre de phrase fait perdre haleine, soufflons !

Je me représentais cette fameuse taverne comme une sorte de casino, lors de la réunion de ces chers fantômes, bien plus vivants que vous ou moi. Ils s'asseyaient autour des tables, étincelants d'esprit, ruisselants d'imagination et de verve. Parlaient-ils en vers ? Etaient-ils aussi effrontément loquaces que mon Faust armoricain ? Laissait-on ensemble Roméo et Juliette ? Posait-on un factionnaire entre Capulet et Montaigu ? Quel ravissement d'entendre les excuses que le More de Venise doit radoter à Desdémone depuis le temps !

J'ai mes attraits, pourquoi le nier. Je caressais l'idée de rencontrer Angélique avec ce coquin de Médor et continuant à tromper Roland, trop grand pour être aimé. C'est de l'histoire éternelle, cela.

Mais, comme il respire avec une incomparable force, tout ce peuple issu du cerveau de Shakespeare, quel sang abondant et chaud il a dans les veines. Je le répète, j'ai mes attraits ; j'aurais laissé à d'autre l'intimité du Karl Moor de Schiller, ce faux brigand qui a toujours l'air de passer son examen devant des professeurs d'emphase. Les chaleurs germaniques sont humides, l'action s'y étouffe, suffoquée par un immense brouillard tout composé de mots qui déclament.

Je vous aurais poursuivis, je vous aurais atteints, bien-aimés lurons qui avez noms Gil-Blas et Figaro, Espagnols de France, et votre maître à tous, ce roi des coureurs d'aventures, Don Juan que j'idolâtre au même titre que la femme de Médor, précisément parce que ce roi des drôles est la vengeance de Roland.

Ne le dites pas à Jehan : je donnerais trois Faust, douze Werther et du retour pour un seul Don Juan. Pure question de tempérament.

A présent, j'ai besoin d'ajouter que mon innocence n'allait pas jusqu'à méconnaître le bois dont était fait le seul échantillon de la confrérie que j'eusse actuellement sous la main.

Je ne croyais pas du tout que ces gentlemen étaient de la grande espèce ; mais j'espérais bien en voir des réductions, tranchons le mot, des caricatures. Ma curiosité émoustillée prouvait amplement que cela devait me suffire.

En définitive, nous connaissons tous par cœur les géants tels qu'on nous les montre ; la chose friande serait de les surprendre hors de scène, sous leurs échasses et déshabillés comme était cet énorme Faust lui-même, le « surhumain », sous les espèces bourgeoises de mon pauvre ami Jehan.

C'est pour interroger et deviner que je restais. Il s'agissait tout uniment d'obtenir le mot de passe ainsi que le nom d'une rue et un numéro, car j'avais totalement oublié quel pouvait être l'endroit où se trouvait située cette bienheureuse taverne, n'y ayant prêté qu'une attention médiocre.

Les heures s'écoulèrent ; Faust ne se lassait pas de pérorer, scandant chacune de ses phrases d'une voix claire et calme.

Les nuits de Paris ont une grandeur à elles. Le ciel y est plus pâle que dans les champs et l'horizon n'entoure point le regard de ce cercle régulier au-dessus duquel montent les formes des arbres et des toits, dominés au lointain par le vague feston des montagnes ; mais ces longues perspectives de lumières éclairant la solitude font naître une sensation noble et profondément triste.

De si nombreuses clartés sont faites pour la foule, pour la joie, pour le bruit ; quand la foule s'est retirée, quand la joie éteinte s'en va, quand le bruit se taisant peu à peu ressemble à un immense râle d'agonie, à quoi bon toutes ces lueurs ?

Elle dort, la cité souveraine ! C'est une nécropole éblouissante !

Faust, dissertant avec une brillante prolixité, moi écoutant, nous venions d'arriver devant la façade du nouvel Opéra qui, s'élançant de terre, semblait avoir sa couronne dans les nuages.

La nuit était orageuse ; de longues bandes noires, affectant des formes de reptiles, dévoraient et rendaient tour à tour le disque de la lune.

Deux heures sonnèrent, je ne sais où, car

12

dans ce quartier païen de la Madeleine, il n'y a point de cloches. Tous les hommes y sont protestants ou athées, toujours philosophes, ils se nourrissent de truffes libérales, espionnent le pays, entretiennent des danseuses et infestent le boulevard de ces cartes transparentes que l'on fabrique au pays des bonnes mœurs pour le compte des vieilles ou des vieux.

Jehan s'assit sur un banc et croisa ses mains au-dessus de ses genoux.

Aux rayons intermittents de la lune, il y avait quelque chose d'inspiré dans ses yeux.

— Stella, me dit-il non sans émotion, a pris une grande part de ma vie, c'est certain, et pourtant elle avait juste autant de cervelle qu'un bouvreuil. Maître Spiégel Ephraïm n'était ni plus ni moins intelligent que le père Dixi. Voilà, ce me semble, un fait providentiel ; j'ai connu ainsi un tas de pauvres diables qui se passionnaient pour les veuves des grands hommes sans savoir pourquoi.

» Te souviens-tu de la fougueuse admiration du papa Dixi pour le *Panduntur portæ* de Virgile ? Cela a été fait pour augmenter d'autant le cortège pieux qui marche devant le génie, et les braves gens dont je parle ne sont pas, crois-le bien, la partie la moins dévote de cette suite.

» Il est positif que je retrouvai un peu Stella dans ma chère Marguerite. Elle n'avait pas ces cheveux filasses que lui donnent les peintres. Marguerite était plutôt du même poil que Stella et le moindre rayon de soleil enchâssait son front dans de l'or.

» Oh ! les deux suaves enfants ! et que pour

rait donc venir faire entre elles cette effrontée d'Hélène ? je n'en veux pas. Je proteste.

» Le second *Faust* est très beau, au dire de ceux qui le comprennent, mais ce n'est pas moi, du moins je ne me souviens pas, d'avoir dit ni fait tout cela. Quand il écrivit sa seconde tragédie, il prit sans doute un autre Faust que moi, puisqu'il y en a plusieurs ; il avait une pléthore de grec, il se soulagea, je ne lui garde point de rancune, mais je déclare que je ne fais pas à sa suite une seule enjambée au delà de ma tragédie à moi ; la première, la vraie, la splendide ! Je fais peu de cas de Thalès, de Chiron, de Phorkias et même d'Emphorion, qu'il appelle mon fils ; je n'ai jamais procréé cet innocent-là. Protée, les Syriens, les Néréides ne m'intéressent pas du tout, moi, qui suis toujours le bourreau de La Harpe ! J'avalerais plutôt Voltaire !

» Au moins, le brave père Dixi n'y voyait point malice ; *Panduntur portæ* lui suffisait. Je ne dis rien du docteur Marianus et de Marie l'Egyptienne, c'est sublime, à ce qu'il paraît, comme tout ce que rêvait le Maître, mais... Ecoute ! je suis cent fois plus Allemand que Français, puisque le petit doigt du docteur Faust vaut juste une douzaine de Jehan ; néanmoins, si j'adore le *Vaterland,* j'aime encore un peu ta patrie. Tu bénéficies de cette faiblesse et aussi du hasard qui associe en moi ta pensée à celle de Stella ; et si j'avais dix ans de moins, j'enverrais le mari de Stella dans d'autres sphères et je l'épouserais avec plaisir.

» Maintenant, si tu désires vraiment voir les habitués du club ?...

Je ne le laissai pas achever et je m'écriai en lui serrant les deux mains :

— Si tu fais cela, Jehan, mon cher Jehan, tu auras droit à ma reconnaissance éternelle !

Sans parti-pris de me flatter bassement, il répondit :

— Je te connais pour ton malheur et je crois que pour la honte de notre temps, il y en a encore de plus mauvais que toi.

» Non, mille fois non, je ne puis t'ouvrir les portes du sanctuaire, je connais trop ton repoussant métier[1] ; tu abuserais de ma confiance en dévoilant au public un des plus curieux mystères du Paris moderne.

» Ne proteste pas, ce serait inutile, je ne suis pas sans connaître assez bien tes pareils, il n'y a pour eux ni amitié, ni famille. Un secret ! vous ne savez pas ce que ce mot signifie. Ton entourage est connu de tous, par ton fait. Va ! la femme ou l'homme qui serait assez simple pour te confier son honneur ne le garderait pas longtemps. Vice ou vertu, vous ne reculez devant rien, les noms ne vous suffisent pas, alors vous donnez l'adresse bientôt suivie par la photographie !

» Les peintres, me diras-tu, n'en font pas d'autre ; mon bon, entendons-nous bien : d'abord, les peintres paient leurs modèles ; mais que penserais-tu de celui qui, reçu par un bon bourgeois, déshonorerait sa femme en la copiant par un trou de serrure pour l'exposer

---

1. Mon vieil ami était journaliste et racontait volontiers les aventures bizarres dans lesquelles il se trouvait mêlé. Cette histoire le prouve amplement. — P. F.f.

ensuite ? Ce serait d'un très mauvais goût, n'est-ce pas ?

» Eh bien ! les peintres ne le font pas.

» Mais vous, larrons, vous détaillez les femmes de vos amis, vous les faites connaître au monde entier et, loin de flatter leur portrait, si elles ont un grain de beauté entre les seins, vous vous empressez d'y planter une pomme de terre malade. Ah ! la bienveillance ne vous étouffe pas !

» Non, je ne te mènerais pas à la taverne cette nuit, non ! car demain même, et pas plus tard, tous les journaux raconteraient ta visite...

Comme j'allais profiter du moment où il reprenait haleine, pour placer un mot, il me ferma la bouche d'une main vigoureuse.

— Ah ! s'écria-t-il, vivante fontaine de paroles, voudrais-tu donc faire de la conversation un monologue ? Méphistophélès, le bavard, me laissait au moins causer à mon tour.

» Ecoute, voilà ce qu'il est bon d'ajouter pour être juste : Les *gentlemen du club* ne sont pas tous à Paris sur un pied convenable. Sans esprit de dénigrement, même sans mauvaise volonté, tu pourrais prendre de nous, à première vue, une idée peu favorable.

» Les gentlemen de ma sorte sont excessivement rares à la taverne, et, pour parler franc, on y voit assez mauvaise société. J'ignore d'où sont sortis la plupart de ces héros et de ces héroïnes ; je les fréquente le moins possible, sauf quatre ou cinq exceptions qui ont les mains propres.

» Ce qu'il m'est permis de t'accorder, le voici : je puis te montrer un de ces messieurs ou une de ces dames, à ton choix, bien comme il faut, du haut en bas, de long en large.

» Ne marchande pas, tu n'obtiendrais rien de plus.

» Voyons, qui demandes-tu ?

Choisir n'était pas facile, cent noms éblouissants traversèrent mon cerveau comme autant d'éclairs.

Faust me regardait d'un air un peu narquois et, dans son sourire, une certaine dose de curiosité perçait.

Enfin, je prononçais le nom de Don Juan.

— Tonnerre de Brest ! jura franchement Jehan, cette fois avec le pur accent du Finistère ; j'étais autant dire certain de cela. Ce faquin est presque aussi populaire que moi-même. Mais dis, en vérité, si je n'avais pas été hors concours, c'est moi que tu aurais choisi, pas vrai ?

Un lâche signe d'affirmation fut ma réponse.

— Je n'ai guère que Goëthe, moi, poursuivit Jehan avec un soupir. Gounod, lui, c'est différent, comme une nuée d'oiseaux chanteurs, tous les poètes voltigent autour de sa tête. C'est d'abord l'inventeur, Gabriel Tellès, qui porta au théâtre la légende inhumaine du gausseur de Sévil'e ; c'est ensuite Molière, divin gausseur lui-même, qui ajouta au roman la splendide scène du pauvre ; seulement, il la fit trop courte.

» Ah ! comme Goëthe, le Maître opulent, trésor de pensées profondes et de mots harmonieux, l'eût magnifiquement allongée, cette scène, en y mettant les écoliers, les nuages, quelques kabires, deux Tritons, le porc, la chauve-souris, le torrent et la sorcière !

» Puis encore et au hasard, c'est Glück, Goldoni, Wièse, Hauck, Giliberti, Rosimont, Zamora, de Williers, l'Anglais Shadwell, le Serbe Limbsch de Lenand, l'Espagnol Ruiz Zorilla, le Suédois Alinquist, le Russe Lermontsff, et Mozart! et Byron! Et les auteurs de Don Juan masqués : Richardson, Rossini, Hérold, Scribe lui-même, et Manzoni et Dumas! Blaze de Bury, Emile Deschamps, Mallefille, Viart, Levavasseur, Grabbe, Hoffmann, Alfred de Musset!

» Des petits, des grands, des moyens, pêlemêle! On remplirait vingt pages à les citer tous. Penses-tu que je sois jaloux? Pas le moins du monde. Don Juan est banal et grand, je suis grand sans être banal.

Il se leva sur cette dernière phrase dont la symétrie modeste appela un sourire de satisfaction à ses lèvres.

Un fiacre passait sur le boulevard, il le siffla et nous y montâmes.

V

LE PORTRAIT DE DON JUAN

Jehan avait préalablement dit un mot à l'oreille du cocher qui tourna court et se dirigea vers le centre de la ville.

Je pensais en moi-même : tu as beau prendre des précautions, mon camarade, je ne suis pas aveugle et je reconnaîtrai mon chemin.

— Prends-tu du tabac? me demanda-t-il.

Cela venant comme une offre, je regardai la main de Faust, croyant voir la tabatière, mais il n'avait toujours entre ses doigts que le tuyau effilé de sa longue pipe de porcelaine.

— Les mouchoirs de ceux qui prennent le tabac, ajouta Jehan, en manière d'explication, ne valent rien pour bander les yeux.

J'eus un peu de frayeur, la prudence me conseillait, à l'heure de nuit qu'il était, de ne pas rester ainsi entre les mains d'un maniaque, avec un bandeau sur les yeux.

Je sentis que Jehan tâtait déjà la poche de ma redingote.

— Ce n'est pas très loin, me dit-il, et si je

tardais à te rendre aveugle, tu devinerais assurément quel est le lieu où je te mène.

Il plia mon mouchoir sur ses genoux, de manière à en faire une cravate et me le noua autour des tempes.

Le vin était versé, il fallait le boire, je n'opposai donc aucune résistance.

Pendant ce temps, le fiacre allait son petit bonhomme de train et je sentais la fièvre d'aventures me monter au cerveau, à ma grande stupéfaction.

Un mouchoir noué sur les yeux ajoute incontestablement à la saveur d'une escapade ; c'est vieux, très vieux, mais dramatique autant que l'échelle de soie des amoureux, la lime des prisonniers, le domino du bal et la cagoule de l'Inquisition.

Mon émotion était aussi forte que celle d'un jeune blanc-bec se hâtant vers son premier rendez-vous.

— Après tout, murmurait Faust entre ses dents, pourquoi s'étonner ? La faveur dont jouit ce bellâtre de Don Juan auprès du suffrage universel est toute naturelle. Les natures bestiales existent ici-bas en immense majorité. Les femmes sont filles du péché depuis que le monde est monde, et si Eve a donné le signal, c'est qu'il n'y avait pas d'autre femme avant elle.

» Dans tous les temps et dans tous les pays, toutes les femmes se sont prises de belles passions pour Don Juan, ce coq d'Inde, à crête sanglante, qui fait la roue aussi volontiers sur la paille, auprès de Margoton, que dans les boudoirs de la noblesse. La fringale sensuelle atteint aux proportions d'une infirmité.

» Ces dames, elles, passent leur vie à chercher le loup dont elles ont peur ; jour et nuit, elles rêvent de cette bête obscène qui mange la fleur des filles de la même façon que le porc se gorge de glands, et chaque fois qu'elles sortent, ces dames se disent : Si nous allions rencontrer le monstre ?

» Je ne déteste pas les femmes qui me laissent parler, quand elles sont blondes, mais comme je les estime médiocrement, je suis indigné de voir l'opinion publique se former d'après leurs jugements frivoles. Il faudrait, pour détrôner Don Juan, un être introuvable ; c'est-à-dire, un être plus brutal que lui. Ai-je besoin d'ajouter que, de sa renommée, je ne suis pas jaloux ?

Tandis qu'il discourait, moi, dans mes ténèbres, j'essayais de deviner Don Juan ; je voyais un jeune homme à l'œil de feu, aux lèvres souriantes, défiant le ciel du fond de son alcôve fleurie et levant sa coupe profonde, débordant insolemment de toutes les voluptés.

Je ne suis pas du même avis que Faust. Faust inventera, s'il veut, la lumière électrique, la vapeur, voire la photographie ; il calculera, dissertera jusqu'à dessécher son âme, comme un pruneau passé au four, comme un cadavre incinéré. Dans ses défaillances et dans ses grandeurs, je le respecte, mais je ne l'aime pas, car il a, pour moi, une odeur de chimie industrielle.

J'aime Don Juan, en croyant le haïr et parce qu'il me fait frissonner ; en cela, je ressemble aux femmes.

J'aime Don Juan, mais lequel cependant ? car il y en a tant, et ils représentent entre eux de si larges différences ?

Tous les Don Juan, celui qui trompe, celui qui berce, celui qui enlève, celui qui tue. Qui trompe Mathurine ou Thisbea, qui berce Haydée ou Isabelle, qui enlève Elvire, qui violente dona Anna d'Ulloa. Ceux-là et les autres, tous, je les aime.

Une foule de questions se pressaient sur mes lèvres, je demandai tout à coup à Jehan :

— Est-il repenti, comme on l'a dit?... Est-il remarié ; fait-il pénitence, ou poursuit-il le cours de ses déportements?... Vit-il vraiment vaincu dans la famille de M. Dimanche?... J'aimerais voir Namouna... Qui le sert maintenant? Est-ce Catalinon, Leporello ou Sganarelle?

Jehan me répondit avec une mauvaise humeur évidente :

— Peste! quel incommensurable ruban de tirades! Moi, je n'ai jamais eu qu'un seul famulus, Wagner, qui était ennuyeux, mais assez honnête homme, et je vis en cinq cents pages originales au sujet desquelles, il est vrai, on a publié trente mille feuilles de critique.

» Don Juan fait ce qu'il veut, on ne me l'a pas donné à garder. Nous nous fréquentions beaucoup, quand il avait de la santé, c'est-à-dire de la gaieté, mais je murais sa vie privée et pour cause.

» J'ignore la destinée du Catalinon et de Leporello. Quant à M. Sganarelle, non seulement il ne sert plus Don Juan, mais je doute fort que Don Juan puisse être reçu chez lui en qualité de famulus.

» M. Sganarelle, en effet, nature de milieu sans vices ni vertus, est arrivé, comme cela devait être, par le seul poids spécifique de sa nullité.

» Toute l'Europe connaît la légende émouvante de ce grand Jacques Laffitte ramassant une épingle. N'en as-tu pas les larmes aux yeux ? C'est simple et beau comme la poésie que suent les lambris des comptoirs d'escompte.

» Eh bien ! Sganarelle n'a pas ramassé d'épingle, et cependant il est l'élément chrétien de la maison juive Moïse, Hohenheim et Cie qui peut passer elle-même pour un des plus nobles produits de ce temps.

» Chaque siècle a son homme. M. Sganarelle est l'homme séculaire. Pour lui, expressément pour lui seul, vous avez fait en France toutes vos révolutions, auxquelles il a contribué, de très loin et avec prudence. Il a remplacé la noblesse dans tous ses droits, seulement, cela lui coûte un peu de cet argent qui ne lui coûte rien.

» Sur les rivages de l'Océan, j'ai contemplé une bête curieuse, qu'on nomme Méduse, c'est un amas de mucosités molles, sans résistance ni force, un paquet de glu ; mais cela vit, ou du moins végète, cela même prend beaucoup de place et de petits poissons. Taillez, perforez, hachez cela, dispersez-le, battez-le comme une omelette, la Méduse ne s'en portera pas plus mal.

» Ainsi est fait M. Sganarelle, de la maison Moïse, Hohenheim et Cie ; bien des gens le regardent comme immortel, parce qu'il a, à l'imitation de Mithridate, roi du Pont, habitué son estomac à supporter les plus hautes doses de banqueroute et de faillite. De la sorte, il n'a rien à craindre des syndics.

» Sganarelle, de son vrai nom, se nomme Georges Coulon ; il a fait tous les métiers, Originaire du Nivernais, il a d'abord été cabotin, mais cabotin de foire ; puis figurant au théâtre de la Porte Saint-Martin, puis petit maître. C'est lui qui monta cette si redoutable fumisterie des Huîtrières du Morbihan. Avec cette affaire, il a commencé sa fortune ; ses parcs du Morbihan étaient tout bonnement une belle plage de sable fin ; et trois dépôts, dans Paris, débitaient journellement de ses huîtres. Un jour, ces mollusques, manquant aux Halles, il en fit vendre de toutes les provenances : Marennes, Ostende, Arcachon, Cancale furent, pour ce jour-là, des villes Morbihannaises ! Mais le truc en mourut. Bien des gens étaient ruinés. Sganarelle-Coulon était riche. Vos journaux s'emparèrent de cette affaire, Sganarelle-Coulon fila en Belgique, où il fit un an de prison pour avoir tenu avec sa maîtresse une clandestine maison de jeu. De retour à Paris, Sganarelle-Coulon monta une nouvelle balançoire. Je veux dire qu'il se fit fabricant de balances et de balances sans poids, s'il te plaît. Cette balance n'était qu'une bascule de la force des huîtres Morbihannaises ; il s'esquiva de nouveau, laissant, derrière lui, plusieurs familles dans la misère. Mais son estomac était fort, cette dernière faillite lui avait donné deux millions.

» Aujourd'hui, Sganarelle-Coulon a vingt-quatre domestiques et de nombreuses adulatrices, tandis que Don Juan, le pauvre, en est réduit à une petite servante. Moi, j'ai toujours mon barbet.

Le fiacre s'arrêta, Faust paya et m'aida [for]
obligeamment à descendre.

Je n'avais pas, bien entendu, la moindre idé[e]
du lieu où je me trouvais, car le fiacre avai[t]
trotté pendant vingt minutes, depuis que nou[s]
avions quitté le boulevard.

Aucun signe ne me donnant moyen de choisi[r]
entre les différents quartiers de Paris, je pou[-]
vais être au faubourg Saint-Germain aussi bie[n]
que dans la Cité ou en plein Marais.

De plus, le bavardage de Jehan avait pris soi[n]
d'empêcher mon esprit de s'orienter.

Au moment où le cocher fouettait son cheva[l]
pour s'éloigner, après nous avoir déposé sur l[e]
trottoir, j'e...endis résonner tout près de moi l[e]
marteau d'une porte. Le marteau devait êt[re]
petit et le battant étroit, car le coup fut aigu et se[c].

Dans les quartiers modernes, les portes d[e]
cette dimension ont toutes des boutons électr[i-]
ques ou tout au moins à timbres ; le martea[u]
suranné n'appartient plus qu'aux taudis ou au[x]
hôtels.

Je devais être dans le Paris vieux et pauvr[e].

Cette opinion se fortifia en moi lorsque Faus[t]
m'eût fait passer le seuil, j'eus cette impressio[n]
de froid humide qu'on éprouve dans les allé[es]
où l'air manque aussi bien que le jour.

Pourtant, j'eus beau étendre les mains, je [ne]
pus rencontrer les murailles.

— Vous rentrez de bonne heure, cette nui[t]
M. de Graal, dit une voix de femme à moi[tié]
endormie. Faut-il allumer ?

Faust me serra le bras :

— C'est ma concierge, murmura-t-il à m[on]
oreille, faufile-toi le long du mur...

Et il ajouta tout haut, sur un mode caressant :

— Ce n'est pas la peine, madame Chantagraine... Personne n'est venu ?

Il n'y a point de héros pour sa portière ; ce géant de Faust n'aurait pas si bien sucré sa voix pour parler à une reine.

Madame Chantagraine répondit :

— Il est venu M. Spiégel et le chapeau gris.

— Werther et Vautrin ! grommela Jehan.

Je ne pus m'empêcher de répéter ce nom de Vautrin et la concierge s'écria :

— Tiens, vous avez quelqu'un avec vous, est-ce Madame ?

Nous montâmes deux étages, une porte s'ouvrit et Faust détacha mon bandeau.

Il faisait nuit dans la chambre où nous étions, mais Faust introduisit une allumette dans le fourneau brûlant de sa pipe et une bougie brilla.

— Tu es mon hôte, me dit-il avec une certaine solennité, ou plutôt notre hôte, car nous avons loué cet appartement en commun. M. le comte de Palikarn et moi, pour obtenir un peu de confortable, sans transgresser les lois de l'économie.

» L'antichambre où nous sommes et le salon que voici au fond sont indivis ; M. le comte demeure à droite et moi à gauche ; nos chambres sont parfaitement séparées et quand nous sommes en froid, nous passons souvent des semaines entières sans nous rencontrer.

» Tel n'est pas aujourd'hui le cas, M. le comte est malade et j'ai retrouvé pour lui quelques bonnes potions, distillées par Wagner qui était un manipulateur de première force.

» Entre nous, malgré mon incomparable réputation de médecin, je crois modérément à la médecine, imitant en cela l'exemple de tous les praticiens illustres. Broussais disait : « La nature est si forte qu'elle guérit parfois les gens malgré les remèdes. » Et les allopathes qui accusent les disciples de Hahnemann de ne rien mettre dans leurs globules font, méchamment il est vrai, le plus bel éloge de cette ingénieuse école.

» D'ailleurs, M. le comte est usé jusqu'à la corde, il n'en a pas pour un mois, de sorte que mes drogues ornent sa table de nuit et amusent la fin de son existence sans lui faire beaucoup de mal.

» T'ai-je dit que M. le comte était ce pauvre Don Juan?

Le bandeau m'avait laissé quelque rancune dans l'esprit et je répondis aigrement :

— Non, mais tu m'as dit que dans votre confrérie, on n'entendait jamais parler de mort, ni même de malade.

Faust se mit à rire et prit à la main le flambeau pour me guider vers le salon.

— Hé! hé! disait-il gaîment, alors tu crois que j'ai menti ou que je radote? Il faut s'entendre ; sommes-nous des citoyens ou de pures fictions? Pourquoi n'avons-nous pas le droit de voter aux élections? On a refusé deux fois mon bulletin qui portait le nom d'un candidat humain et perpétuel autant qu'universel; le seul philosophe, peut-être, dont puisse aujourd'hui s'enorgueillir l'Europe.

» Les personnes qui prennent tout au pied de la lettre sont rarement bien vues dans la société. Fais ton profit de cela ; j'ai donné des leçons aux chambellans et même à l'empereur (voir la seconde partie de la tragédie).

» Quand, tout à l'heure, j'ai prétendu que nous ne mourions jamais, c'était une manière de parler ; car, au contraire, nous mourons très souvent, comme les acteurs que l'on poignarde avec grâce au cinquième acte d'un drame et qui le lendemain reprennent leur rôle.

» Don Juan a été foudroyé plus de mille fois, il a usé plusieurs douzaines de statues du commandeur.

» Moi, j'ai subi tant d'apothéoses que je bâille sur le chemin trop connu du ciel, comme si j'allais simplement à Saint-Cloud...

Il s'effaça pour me laisser passer et je fis mon entrée au salon, qui était une assez belle pièce, beaucoup plus haute d'étage que ne le comporte l'architecture de nos maisons modernes.

Le mobilier consistait en grands vieux sièges d'un bon modèle, une table de milieu et deux bahuts formant bibliothèque, le tout en chêne noir.

Quoique rapetassés, les rideaux pouvaient avoir eu des beaux jours. La pendule, au contraire, était toute neuve et fort proprement bourgeoise, elle représentait un Faust de bonne qualité courante.

Ces choses-là sont aimables et marchandes, elles maintiennent le niveau de l'art à de jolies hauteurs.

Il y avait pour tableaux quatre portraits de grandeur naturelle : Celui de Faust-Jehan, en étudiant allemand, avec sa pipe de porcelaine ; celui de Marguerite, qui me parut ressembler

à Stella, et celui d'une jeune personne asse[z]
gentillette, très fraîche, portant avec une gau[-]
cherie assez effrontée la toilette des dames d[e]
Chatou.

Jehan me la désigna comme étant madam[e]
la comtesse de Palikarn, la femme de Don Juan[.]

Pas l'ombre d'une action dans ce drame o[ù]
j'entrais et dont la péripétie la plus romanesqu[e]
était encore le mouchoir noué sur mes yeu[x.]
Pourtant, sans que j'eusse pu dire pourquoi [ni]
comment, j'étais pris au piège d'un très v[if]
intérêt.

Jehan, avant de poser le flambeau su[r la]
table, me montra le quatrième portrait pa[r-]
dessus son épaule en disant :

— Voici Don Juan !

Je regardai, mais c'est à peine si j'entrevis [la]
forme d'un cavalier qui sortait confusément [de]
la toile.

Jehan ajouta :

— C'est attribué à Murillo, première m[a-]
nière, mais va-t-en voir s'ils viennent ! Je s[ais]
du moins d'où sort le mien, car je l'ai pa[yé]
deux mille cinq cent cinquante-cinq francs c[in-]
quante, prix débattu à Winterhalter, lors [de]
mon interdiction...

» Prends-tu quelque chose ?

J'étais venu pour voir Don Juan, j'allais d[onc]
refuser, lorsque Faust, saisi tout à coup [par]
une de ces chaleurs allemandes qui mettent [en]
ébullition les sociétés chantantes d'outre-Rh[in,]
s'écria :

— Thuringerwald ! montagne fière et c[he-]
velue comme la tête libre des vieux Germa[ins.]
Respectable château de Gunther, manoir s[a-]

bre où Gleichen, le grand comte, suffisait au bonheur de deux femmes à la fois! deux femmes légitimes! Tours de Müalberg! sentiers foulés par Weiland et par Herder!

» On parle du kirschwasser de la Forêt-Noire! j'ai mangé des merises à Wachsenbourg sur des sauvageons gros comme les chênes de Fontainebleau et haut comme les eucalyptus de la Nouvelle-Galle du Sud!

» Dans la maison de Schiller, à l'Esplanade, il y avait toujours trois fûts de kirsch de la forêt de Thuringe. Goëthe en buvait peu à cause de son estomac affaibli par l'âge, mais il l'estimait et l'appelait le breuvage des hommes forts.

» Or, de la Saale à la Werra, depuis Rhonzebirge jusqu'au Harz, il y a plus de merisiers que le ciel ne compte d'étoiles; de quoi faire un punch avec toute l'onde allemande du Rhin! Cranach était aussi de Weimar. Dans cette ville de douze mille âmes, capitale intellectuelle du monde, vie, amour, lumière, *Licht! Liebe! Leben!* La devise de Herder sera celle de l'univers allemand...!

» Et tu refuserais de boire chez moi un verre de kirschwasser de Thuringerwald, brûlé selon la vraie recette des *maisons moussues* de Thubingen? Allons donc! ne dis par ça!.... Je descends à la cave...

Les Allemands sont fort curieux, sous ce rapport, le plaisir de déclamer les met en transport; je crois que ce bon Faust me serra dans ses bras.

Bien des peuples boivent beaucoup et davantage; mais aucun ne gagne si facilement la fièvre emphatique des ivrognes. Il serait à supposer que chez eux les solennelles harangues sont à l'état de réservoir latent; la moindre goutte d'alcool, que dis-je, la plus petite gorgée de bière entr'ouvre les portes de l'écluse et laisse jaillir la tiède abondance du torrent.

Jehan était parti avec une grosse clef et un bougeoir. Je restai seul.

On ne m'en voudra pas si j'avoue que je cherchais un peu le barbet sous la table, je ne le trouvai point, peut-être était-il au sabbat.

J'étais venu dans un seul but : pour voir Don Juan.

Je pris le flambeau et je m'approchai du portrait de Don Juan.

Jehan avait eu raison, je le crois, de ne pas attribuer à Murillo cette toile, évidemment fort ancienne et de tout point remarquable, mais si on l'enlevait au maître de Séville, à qui la rendre ! Il y avait là toutes les qualités du grand peintre et même de plusieurs grands peintres, un métier consommé, une large pensée servie par une exécution magistrale, une belle sobriété qui n'excluait nullement la richesse des détails.

Sans les côtés lumineux de la conception, j'aurais parié pour Moya, et, pour Van Dyck, sans le sombre spiritualisme de l'ensemble.

D'ailleurs, l'œuvre était lente, étudiée, recherchée, mais développée, si l'on peut ainsi dire, comme cette toile de Léonard de Vinci où le grand peintre raconte, en une seule tête de femme, celle de Mouna Lisa, toute une galante histoire de femme sensuelle et sage.

Le buste de Don Juan ressortait sur un paysage ressemblant un peu à celui qui repousse le calme et merveilleux visage de la Joconde.

C'était Don Juan, oh ! comme c'était bien lui ! Le résumé, la quintescence de toutes les inventions poétiques qui se sont acharnées sur ce type éternel ! C'était lui ! brutal, brave et presque bon dans sa débauche de crimes, révolté, fougueux, féminin même, Don Juan résumait tout cela et bien plus encore.

Ce n'était pas le Don Juan de l'un ou de l'autre, si grand que vous estimiez l'un, si vaste que vous regardiez l'autre : c'était DON JUAN !

Un demi-dieu ? rien moins : un homme !

En le contemplant dans sa beauté aussi bien que dans sa misère, je compris mon émotion de tout à l'heure, qui était un pressentiment. Comme les animaux s'inquiètent aux bruits, aux longueurs, aux senteurs qui précèdent l'orage dans l'atmosphère et l'approche du lion sur la terre : Ainsi j'avais frémi en sentant ce simoun des poésies modernes, le lion, le vrai lion, mieux que cela, le héros du mal de l'impudence et de l'imprudence, l'apôtre et par contre la victime du blasphème qui est l'union maudite de la force et de la faiblesse.

Je l'avais senti, lui, le pillard et le ravageur, le bandit qui va rôdant autour des familles, et ce fut un grand coup quand je le reconnus, là, devant moi, insouciant, charmant, rayonnant la bonne humeur des nobles casernes, avec ses lèvres sensuelles et son front de soudard qui fuyait sous les boucles de ses cheveux efféminés.

Oh ! c'était bien lui ; le peintre l'avait vu d'un premier aspect large et clair, pour l'analyser ensuite avec une incroyable sûreté de regard.

Plus on relisait cette page abondante et profondément pensée, plus l'esprit travaillait, écoutant derrière la peinture muette une voix de sphinx qui se jouait à poser des énigmes insolubles.

En Don Juan, ce qui frappait d'abord, c'était l'éclat ; vous eussiez dit un homme de velours aux couleurs chatoyantes et bigarrées comme la roue des paons, comme les ailes d'un grand papillon tachées d'or et de pourpre, comme le pelage des tigres et aussi comme les anneaux des magnifiques chenilles qui tuent les feuilles et dévorent la fraîcheur ; mais c'était de l'éclat espagnol, sombre et chaud, produit par un peu de nuances dont les gammes descendaient jusque dans la nuit.

Chez les vieux maîtres, vous savez, l'éclair naît du noir ; il leur suffit d'un atome décimable pour faire brûler la fournaise, allumer le vin dans la coupe, ou donner au sang qui jaillit sous le fer la terrible transparence du rubis.

Le cavalier pouvait avoir trente ans, mais il semblait plus jeune ou plus vieux : la fatigue le vieillissait, et il était rajeuni par l'absence de ces traces que laisse après soi le travail de la réflexion.

Les rides de Don Juan ne sont jamais creusées par l'effort intellectuel. Il vit au jour le jour et sans souci d'expliquer sa vie. Car si les poètes lui ont mis dans la bouche de très belles tirades, ce sont les poètes qui causent et non point lui. Il n'a ni le temps, ni l'envie de plaider la cause du plaisir qui l'ennuie en l'enivrant.

Il est fléau franchement !

Voyez ses yeux presque naïfs et son sourire où il y a de l'enfantillage ; le mal qu'il fait ne le gêne point, il vole ce que l'homme et la femme ont de plus précieux sur la terre, l'honneur et le bonheur, sans méchanceté ni malice. Pensez-vous que le moineau picorant soit bourrelé de remords ? La cervelle de Don Juan tiendrait dans une tête de linotte.

Cependant, le maître inconnu avait donné grand air à cette tête sans cervelle, il faut cela, elle pétillait d'esprit, elle était éloquente et fière, fière surtout, l'orgueil agenouillé est irrésistible et l'orgueil de Don Juan se prosterne d'autant plus aisément qu'après avoir mendié l'amour, il mettra son talon sur le cœur qui lui a fait l'aumône.

Un homme qui posséda à un très haut degré cet heureux don d'ingratitude, ce fut Jean-Jacques Rousseau. Aussi, comme il parle bien de son tendre cœur ! Il y a nombre de gens qui croient au tendre cœur de Jean-Jacques Rousseau. En basse Normandie, les maquignons commencent toutes leurs phrases par ces mots sacramentels : « Je ne mens pas ! » et je connais un marseillais de Marseille qui allume les étoiles en plein midi sous l'abri de ce début candide : « Soyons francs ! »

Le visage de Don Juan, bien entendu, respirait la loyauté. Comment pourrait-il mentir avec fruit sans cela ?

Quant à sa bravoure, elle sautait aux yeux ; son métier est de pourfendre ceux qu'il a déshonorés, les pères, les maris, les fiancés, sans rancune, avec gaieté ; l'épée du *Burlador*, la bonne fille, tue en riant et n'en brille que mieux après besogne faite.

Ah ! l'épée carnassière plaît souverainement à la miséricorde des dames.

On a vu des troubadours allonger avec succès jusqu'au huitième volume des récits où il n'y avait pour tout potage qu'une demi-douzaine de ces épées, fanfaronnes autant que luronnes, comme Bradamante, Joyeuse ou Durandal, qui taillaient, qui pointaient, qui estafilaient le tiers et le quart avec une imperturbable belle humeur.

Tout succès vient des dames !

La chose miraculeuse, c'est que les gens paisibles trouvent encore à se marier.

Mais c'est pour Don Juan qu'ils se marient. Quelque part dans le contrat, un invisible notaire a stipulé la part du joyeux bourreau des cœurs et des crânes. Et vous auriez compris la fatalité de cette clause, s'il vous eût été donné comme à moi de contempler le jeune homme, attrayant et terrible, dont le sourire était une menace enchantée.

Quel poëte, que ce peintre ! Et quel subtil métaphysicien que ce poëte ! Son œuvre savante, mais voluptueuse et pleine de provoquants sous-entendus, saisissait l'esprit et les sens avec une égale énergie. Il y avait dans cette tête, par petits morceaux, de quoi peupler le Jardin-des-Plantes ; une ménagerie complète ou plutôt un immense ragoût de chairs diverses et d'instincts accumulés, du loup et du renard, du lion et du chat, du taureau, de l'étalon, du bouc, du coq, de l'aigle, du capitaine, du dindon, de la couleuvre et de la femme !

C'était indolent et gracieux, comme la sieste

de l'almée qui se balance dans un soyeux hamac et dont le pied caressant effleure le cristal de la fontaine; mais c'était aussi viril jusqu'au fouet d'esclave.

C'était beau, noble, vaillant, plus que l'uniforme qui fait les trois quarts du colonel marquis de X..., c'était bon, blond et doré; mais sous la parade fanfaronne du harnais, l'odeur de coquin passait; sous la grâce, filtrait l'infamie et il y avait un moment où l'œil dessillé ne voyait plus là qu'un monstre hybride, moitié de courtisane et moitié d'assassin... !

VI

LE PORTRAIT D'AGNÈS

La main de Faust toucha mon épaule et m'éveilla.

— Eh bien! mon bon, me dit-il, as-tu assez regardé cette vieillerie? Voici juste une demi-heure que tu es planté devant comme un mai. J'ai eu le temps de flamber notre kirsch qui brûle à miracle.

Par la porte ouverte de sa chambre à coucher, je vis en effet le bol de punch au-dessus duquel rampaient encore quelques flammes bleuâtres.

— Je suppose, reprit Faust, que tu as commencé par étudier un peu mon portrait, il en vaut la peine. J'avais recommandé à Winterhalter d'y résumer adroitement les deux tragédies et même les autres imitations. Il l'a fait, je ne regrette pas mon argent.

» As-tu remarqué le paysage, c'est assez complet comme emblème rappelant les deux nuits symétriques des Walpurgis. A gauche, c'est le Harz avec les profils nuageux du Broken; à droite, ce sont les champs de Pharsale et la mer Egée. La lune pend au zénith, éclairant d'un côté la chauve-souris, le cochon, la jeune sorcière toute nue à califourchon sur son bouc couleur de poussière, Obéron, Titanie, Puch, Ariel, les deux girouettes, la grue, le Diable, le Dante, la cohue entière des débauches romantiques; de l'autre, le troupeau des difformités classiques, dactyles, kabires, Lamies, sombres charades proposées par le Sphinx dans la propre patrie d'Hécate!

» J'ai beaucoup collaboré à ce portrait, sinon par le pinceau, du moins par la pensée.

» Parmi ces fillettes qui sont à la fontaine, tu vois Marguerite et Stella : je ne les distingue plus l'une de l'autre. Quant au papa Dixi, il est là, sur le rempart, avec les soldats.

» Reconnais-tu ce vieux château qui est à Brest?... et l'Ile où nous allions pêcher les goëlands à la ligne ? Le même Dixi, homme excellent à tous les égards, donnait à cette île un nom impossible, il l'appelait : *Est — in — secessu — longo — locus — insula — portum — attinet.* Bon cœur! c'était un peu long à dire pour les gens pressés. Et penses-tu qu'il ne vaille pas mieux faire faire un portrait d'après nature par un artiste de talent que d'acheter une toile d'occasion pour l'accrocher à un clou et dire : me voilà !

» J'ignore d'ailleurs si celui-ci est le vrai Don Juan, mais mon ami Palikarnn ne lui ressemble pas tant qu'il le dit. Il est plus gros, moins brun et plus petit. Le marchand de bric-à-brac fit là un assez joli marché, car Don Juan, pour s'acheter lui-même, vendit la dernière métairie de ce pauvre Palikarnn.

» Buvons à sa santé, il en a besoin, il baisse à vue d'œil.

Jehan me conduisit jusqu'à la table où fumait le bol de punch éteint et m'en versa dans un fort beau cornet de Prague, à trapèzes tétragonaux représentant, en trois tableaux, le triomphe de Jean Huss au Krasdschin, sa comparution devant les évêques au concile de Constance et sa mort sur le bûcher.

Nous bûmes et Faust me fit remarquer deux énormes monceaux de paperasses poudreuses qui encombraient les deux côtés du salon. Il y avait dans les deux tas, à peu près égaux et montant à hauteur d'homme, des livres, des brochures, des journaux et même quelques manuscrits.

— Je croyais que tu allais feuilleter cela, me dit-il, mais tu as été distrait par les peintures. Un bibliophile ou un chiffonnier n'eût pas agi de même.

» Dans l'univers entier, tu ne trouverais pas deux collections pareilles. De Palikarnn travaille à son tas depuis plus de vingt ans, et nous avons calculé qu'il pouvait bien avoir la valeur de trois mille volumes *in-octavo* compacte. Moi, je n'ai commencé le mien que plus tard, mais j'ai mes trois mille volumes aussi et même quelque chose de plus, pour deux raisons : d'abord, ma condition de lettré qui facilite mes recherches et ensuite l'abondance visiblement flatteuse des œuvres critiques ayant trait à ma personne. En quatre années, j'ai colligé plus de papiers imprimés pour ou contre moi tout seul que le comte n'en a pu rassembler en vingt ans.

» Observe, si tu le veux bien, qu'il y a cinquante Don Juan de cinquante auteurs différonts et que je suis l'unique Faust, fils de l'unique Maître. Cette double victoire de moi sur lui n'a pas besoin d'être soulignée, elle satisfait mon amour-propre complètement.

Je fis un mouvement pour me rapprocher des deux montagnes de traités, de considérations, de monographies ou de simples articles.

Jehan me retint avec bonté et me versa un second verre de punch.

— Laisse-là ce fatras, me dit-il, en une demi-heure, tu en apprendras plus avec moi que dans ces pages bourrées d'hypothèses où s'étouffent quelques banales vérités.

» Donne plutôt un coup d'œil à ton vidrecome, il était dans mon atelier et tu peux voir sous le pied le signe du microcosme auprès de la marque de fabrique : H. P. K. Heildruth, Prag, Kleimseite, avec le millésime A. D. 1428. L'objet a donc 447 ans d'âge, il fut taillé sous le règne de Georges Podeibrad.

» Cette affaire de Jean Huss est une triste histoire ; je n'ai pas plus de tendresse qu'il ne faut pour la vanité rogue des réformateurs, mais les fagots n'entrent pas dans ma manière de voir.

» Pour en revenir au tas de Don Juan et au mien, ils contiennent à peu près tout ce qui a été écrit sur nous dans les cinq parties du monde par les plumes illustres ou seulement connues, depuis Montesquieu jusqu'à Guignol. Je ne veux pas établir ici une fastidieuse nomenclature, mais je citerai pêle-mêle :

» Napoléon, W. Pitt, Cousin, Voltaire, Mgr Dupanloup, Renan, Musset, Villemain, Bossuet, Victor Hugo, le Père Savaillard, Béranger, Charles Fourier, Byron, Enfantin,

Mgr Darboy, Taine, Louis Veuillot, Manzoni, Stendhall, Népomucène Lemercier, Lamartine, Laverdon, Em. Barrault, Raymond Bruker, Barbey d'Aurévilly, Roselly de Lorgnes, Henri de Bornier, Charles de Rémusat, Wess, Puibuoque, Scudo, Jouvini, Fiorentino, Esprencero, Gorrès, Ferrer del Rio, Théophile Gauthier, Paul de Saint-Victor, le marquis de Bellay, Jules Janin, Ulbach, Sarcey, Edmond Fournier, Gounod, qui m'a mis en musique ; tous les feuilletonnistes du lundi, Philarète Chasles, Sainte-Beuve, Magnin, Mignet, Onézime Leroy, Michelet ; toute la grande critique (c'est elle qui s'intitule ainsi), Georges Sand, Mérimée, Vitu ; les cinq dixièmes des romanciers, Alphonse de Calonne, Chabrillat, Claretie, Marcel Coussot, Banville, Ed. About, Blavet, Alphonse Daudet, Paul Féval, Ch. Diguet, du Camp, Alf. des Essarts, Halévy, Houssaye, Gonzalès, A. Second, Prevel, de Lapommeraye, A. Delpit. En as-tu assez ? Il y a encore Blaze de Bury qui en savait sur nous plus long que nous-mêmes, il y a Kahlert, Hegel, Carlyle...

» Comment trouves-tu mon punch ?

Le punch était trop fort, mais moins sujet à donner le mal de tête que cette interminable liste. Encore, Jehan pût-il se vanter d'avoir omis volontairement des centaines de noms.

Je crus un moment qu'il allait recommencer l'éloge des cerisiers de la forêt de Thuringue, mais sa fantaisie le portait vers les critiques.

— De Palikarnn et moi, reprit-il, après avoir été rechercher son haleine tout au fond de son verre, nous jouons quelquefois aux cartes en nous servant de ces messieurs comme s'ils étaient cœur, trèfle et carreau. Il abat Jouvin, je coupe avec Sainte-Beuve, chacun de nous a son jeu privatif, mais il y a beaucoup de cartes qui sont à lui, comme à moi, nous pouvons faire ainsi des quintes majeures de beaux esprits et des quatorzes d'immortels.

» Au fond, nous en prenons et nous en laissons, dans les copieuses dissertations de ces braves lettrés qui causent, qui causent et qui se grisent en causant. Ils font assaut entre eux à qui trouvera chez nous le plus de scories, négligées chez leurs prédécesseurs et valant, j'entends les moindres balayures, dix ou quinze fois leur pesant de diamants.

» Or, les prédécesseurs n'ont rien négligé, au contraire, ils nous ont tous prêté beaucoup de choses et c'est là le beau de la critique. Elle mitonne l'œuvre des poètes morts et en dégage des parcelles sublimes qui n'y étaient pas toujours : je connais cela, moi qui mettais des écus d'or dans le fourneau de ce pauvre Wagner pour l'entendre crier, en parfait idiot qu'il était : « le grand œuvre est accompli ! »

Il est vrai que la critique a un autre appareil où elle fait bouillir l'œuvre des vivants pour en extraire d'innombrables pauvretés, sans aucun mélange de rien qui vaille, mais qu'importe ? Ces auteurs mourront, et dès qu'ils seront morts, on les empaillera avec du génie. La critique a des bocaux... Je bois à la mémoire du père Dixi, qui était, lui aussi, un grand critique, puisqu'il avait trouvé un monde dans *Panduntur portæ !*

Faust avala une gorgée de punch qui eût

empli une assiette à soupe et continua, en chargeant sa pipe en porcelaine :

— J'ai toujours fui les occasions de m'enivrer, parce que Stella grondait son père quand il revenait du cabaret où il mangeait du lard, qu'il appelait grasse venaison, en lampant du cidre, auquel il donnait les noms de Falerne et de Cécule. Il n'y avait pas jusqu'à la morue salée qu'il ne changeât en lamproie, nourrie de chair d'esclave dans les viviers de Lucullus.

» Il disait dans sa douce gaieté : « L'homme a reçu des dieux une fine bouche, *os sublime*, non pas pour contempler le firmament, ce qui est l'affaire des yeux, mais pour savourer le dos succulent des taureaux et le généreux sang de la vigne. »

» Stella écoutait cela et souriait, montrant les perles d'ivoire qui tranchaient derrière le vermillon de ses lèvres. Ah! jamais Marguerite ne sut rire comme elle.

» Ne préfères-tu pas ces deux charmantes fleurs, Marguerite et Stella, au gros bouquet de pivoines foncées que Don Juan garde dans ses souvenirs ? Les femmes de Don Juan ne sont pas le Pérou : des demoiselles habituées à jeter l'échelle de soie; des bohémiennes, des filles de ferme, des marchandes de poisson, et qu'était cette prude Elvire, sinon une échappée de couvent ?...

Il mit sa main sur mon genou pour ajouter d'un ton confidentiel :

— Don Juan et moi, c'est le jour et la nuit. Outre qu'il n'a jamais été de force à inventer la poudre, il se ramollit tout doucettement. Au lieu de tenir comme moi la critique à distance, il prend de ses almanachs du matin au soir, c'est la critique qui le fait penser et parler; il en vit, pour ainsi dire, et il est en train d'en mourir.

» Je le soigne de mon mieux. Je suis médecin, fils de médecin, et quoique je ne puisse avoir beaucoup de foi en cette science de guérir, dont les adeptes se disputent depuis le 1er janvier jusqu'à la Saint-Sylvestre, j'ai fait d'assez jolies cures en ma vie.

» Souviens-toi que Wagner me disait : « Quelle joie ce doit être pour toi, ô grand homme, de te voir ainsi honoré par toute cette multitude ! » Je n'exerce plus, et c'est pure amitié si je donne mes soins à Don Juan et à sa femme.

Involontairement, mon regard alla vers ce portrait de bichette ébouriffée que j'avais dédaigné naguère pour concentrer toute mon attention sur celui de Don Juan.

Elle n'était pas mal, cette petite et il ne m'étonnait pas du tout qu'un comte de Palikarnn l'eût instituée sa comtesse.

Elle pouvait être même marquise à la rigueur, ou banquière, ou jeune première à l'Odéon. Mais cela ressemblait si peu à la femme de Don Juan, que j'en éprouvai une sorte de colère.

Faust devina cette impression et il me dit en haussant les épaules :

— Nous nous sommes tous opposés à ce mariage, en masse, et la statue du commandeur a même essayé son vieil effet du cinquième acte, mais elle n'a plus ni ressorts, ni roulettes, ni tonnerres. Don Juan, après l'avoir battue, la mit à la cave et tout fut dit.

» Le malheureux était amoureux fou; il

14

mena la donzelle à la mairie et à l'église. Je suppose que tu la reconnais ?

J'ouvrais la bouche pour déclarer que je n'avais point souvenir de m'être jamais rencontré avec elle, lorsque Faust, décidément émoustillé par le kirsch de la forêt de Thuringue, me tapa sur le ventre en éclatant de rire :

— Eh ! mon bon, c'est Agnès !

Je n'y étais pas encore et je répétai ce nom d'Agnès.

— L'Agnès de Molière ? demandai-je enfin.

— Farceur ! me répondit Jehan, l'Agnès d'Arnolphe, l'Agnès d'Horace, il n'y a qu'une Agnès, c'est celle-là, quoi ! Mais je sais où le bât te blesse ; tu ne lui trouves pas l'air suffisamment ingénu ? Elle avait déjà six semaines de mariage quand on lui fit ce portrait, et maintenant, c'est bien une autre affaire !

» Vive la joie ! Le kirsch est une chose allemande aussi vraie qu'Agnès est la Savoyarde française. On ne trouverait pas sa pareille en fouillant toutes les fabriques de poupées de Nuremberg !

» Marguerite est la vieille Germanie, Stella est la blanche Armorique, Agnès est Paris qui va jusqu'à Pézenas d'un côté, jusqu'à Chambéry de l'autre ; elle est fleur de bitume.

» Quand le diable y serait, il faut que je te conte cette anecdote, et tu verras que Don Juan est bien surfait par l'opinion publique. Au contraire, moi, le commun des mortels, ne m'évalue pas assez haut, voilà pourquoi on commet cette bourde de nous comparer l'un à l'autre.

» Ecoute et tâche de ne plus m'interrompre à chaque instant.

VII

LE CHATIMENT DE DON JUAN

Jehan commença :
— Il y a un an, Don Juan était encore un très joli garçon à peu près dans nos âges, mais mieux conservé que nous ; sa fonction veut cela.

» Sans teindre précisément ses cheveux et sa barbe, il y met quelque chose de bon, et bien des fois il m'a demandé si mes alambics ne pouvaient pas distiller, pour un ami, quelques bouteilles d'eau de Jouvence. Il aurait eu de quoi me payer, car la femme d'un baron de finances dirigeait vers ses poches, au moyen du drainage domestique, un filet du Pactole, mais je ne fais pas ces affaires-là.

» Un soir que j'étais triste pour avoir rencontré au bois de Vincennes une petite dame qui ressemblait à Stella, j'invitai Don Juan à souper. Il fut intolérable. Au lieu de m'écouter, car j'avais besoin d'épancher un peu le trop plein de métaphysique qui enrhumait mon cerveau, il bavarda plus qu'une pie ; parlant de lui, toujours de lui, comme font les officiers à table d'hôte.

Je connaissais mon Don Juan, et je savais que, pour sa santé, il lui fallait rabâcher la litanie de ses bonnes fortunes avec les maris pourfendus, les amants occis, les oncles exterminés.

» Rien qu'en y pensant, je bâille et je maintiens que tout gouvernement, ami de l'ordre et imbu d'idées morales, devrait offrir une prime aux marchands de boulettes en vue de détruire un aussi nuisible animal.

» Mais, à Brest, j'ai respecté la candeur de Stella, quoique je fusse déjà en rhétorique. Chère ange, peut-être m'en a-t-elle gardé rancune.

» Mais ce soir-là, Don Juan ne se borna pas de radoter, selon sa coutume, ses victoires et conquêtes, il avait lu, depuis quelque temps, une énorme quantité d'articles et il en rendait des lambeaux. Il fallait toute ma courtoisie naturelle et la crainte que j'avais de sa flamberge pour m'empêcher de lui lancer des assiettes à la figure, car les articles qui ne sont pas écrits sur moi me semblent toujours manquer de sel et même de bon sens.

» Il déclamait, traduisant la prose d'un insensé quelconque :

« Je ne suis pas Satan, mais je suis la meil-
» leure et la plus enlevée des œuvres de Satan.
» Nul n'a osé parler de ma mère, tant on crai-
» gnait de me fournir un prétexte pour avoir
» pitié des femmes. On connaissait pourtant
» mon père, ce vieux casse-noisette de don
» Louis. Il est possible de rester beau monstre

» en se dressant contre son père, mais contre
» une mère, fi donc! c'est odieux et honteux!
» Encore, ces mots ne disent-ils pas assez la
» laideur d'une pareille infamie. Ce n'est plus
» là une fredaine de brigand ayant du sang
» rouge sous la peau, c'est le pâle sacrilège du
» maraud qui n'a que de la pituite dans les
» veines. Aussi, n'ai-je pas eu de mère. Si
» j'avais eu une mère, je l'aurais foulée aux
» pieds ou je l'aurais adorée ; or, dans l'un ou
» dans l'autre de ces deux cas, je cessais d'être
» Don Juan. Tout crime m'était permis, même
» commandé, à l'exception de celui-là ; à l'ex-
» ception de celle-là, je pouvais toucher à toute
» vertu, me baigner dans toute poésie. Sur ce
» point, mes critiques sont unanimes : je n'ai
» pas eu, je n'ai pas pu avoir de mère. »

Faust s'interrompit ici pour me dire :

— Cela m'était bien égal et néanmoins l'exquise logique de mon esprit se révoltait contre cette ânerie. J'aurais pu lui répondre : Tu es tout uniment, mon bien bon, le fils d'une coquine, et cela simplifie singulièrement la question! Mais, comment dire cette vérité à quelqu'un, ce quelqu'un fût-il de Palikarnn lui-même? non, je me laissais étouffer et Don Juan, impitoyable, continuait :

« N'ayant pas eu de mère, je ne dois rien
» aux femmes et je suis maudit de naissance,
» ce qui met don Louis dans son tort. Sa ma-
» lédiction est un pléonasme. Étant maudit et
» placé dans une position absolument contraire
» à celle des autres hommes, mon devoir est
» de mentir, de blasphémer et de mal faire.
» Je jette, il est vrai, la fameuse aumône au

» pauvre de Molière, mais c'est après avoir
» essayé de lui imposer une impiété. En outre,
» avec une pièce d'or, le pauvre va aller au
» cabaret et jurera mieux qu'un païen, avant
» d'avoir achevé la première bouteille... Je
» viens de lire dans une gazette cette phrase
» hautement intelligente et vraie comme une
» démonstration mathématique : *Si Don Juan*
» *se rendait coupable d'un bienfait, il menti-*
» *rait à sa nature, et serait puni par la perte*
» *de son invulnérabilité; si Don Juan s'oubliait*
» *jusqu'à ressentir le véritable amour, il per-*
» *drait sa force; si Don Juan pleurait une vraie*
» *larme, il vieillirait aussitôt, et si Don Juan*
» *allait jusqu'à prier, il mourrait...* »

» Voilà, s'écria Faust, ici, avec amertume, voilà le rôle des critiques vis-à-vis de nous; ils nous paraphrasent, ils nous expliquent, ils nous corrigent, *Traduttore-Traditore!* On a vu la critique nous refaire une paire d'oreilles ou deux, après le décès de l'auteur de nos jours.

» C'est une oppression et une obsession, cela nous rend la vie dure, esclaves de la vogue, nous accordons naturellement une très grande importance à l'opinion du public. Nous distinguons, dans ce grand concert du suffrage universel, ce que dit chaque voix, et il suffit parfois du plus pauvre des paradoxes pour nous mettre martel en tête.

» Ceci est applicable surtout à Don Juan qui manque d'éducation première. Le pauvre garçon avale toutes les observations sans les mâcher.

» Je l'avais déjà drogué maintes fois pour cette colique, mais ce soir-là, je sentis qu'il était touché profondément. En groupant ce demi-quarteron d'inutiles fatuités qui s'appelle *un article*, le rédacteur de la gazette avait empoisonné l'existence de mon malheureux confrère.

» Au fond, c'était un assez bon diable que ce pauvre de Palikarnn, la suite de cette curieuse anecdote va te le prouver.

» Une semaine plus tard environ, je le vis arriver tout mélancolique.

» J'ai une névralgie, me dit-il, et cela ne
» m'étonne pas, car je viens de manquer à
» tous mes devoirs en commettant une bonne
» action. C'est une grande nation qui habite
» l'Italie, tous les journaux s'accordent à le
» proclamer. Mais il est certain que les Pié-
» montais tendent à remplacer les Bohémiens
» d'autrefois dans le ruisseau de nos cours des
» miracles. Si je connaissais l'auteur honnête
» et verbeux de *la Case de l'oncle Tom*, je
» l'engagerais à faire quelque chose pour ces
» déplorables petits Italiens qui meurent de
» faim dans nos rues, horriblement battus par
» les grands Italiens, leurs maîtres. C'est répu-
» gnant à voir et il serait bien temps d'accorder
» aux esclaves blancs un tantinet de ce prolixe
» intérêt dont on comble le bois d'ébène. J'ai
» donc arraché une assez laide petite fille de
» quinze ans aux barbares traitements d'un
» pifferari et j'ai dédoublé mon lit pour lui
» donner un de mes matelas. »

» Je ne pus retenir un sourire, continua Jehan, tant la chambre à coucher de Don Juan me semblait un vénérable asile pour l'innocence.

» Il me comprit, fronça le sourcil et déclara

qu'il mettrait son épée dans le ventre de quiconque méconnaîtrait la pureté de ses intentions.

» L'épée ne prouve rien, n'est-ce pas? sinon la bêtise humaine. Je n'allais même pas voir la petite vagabonde recueillie par Don Juan.

» Il revint au bout d'une autre semaine, et pour le coup, je le trouvai changé : il y avait au moins trois fils d'argent dans sa moustache et deux rides au coin de chacun de ses yeux.

» Il sourit tristement et ouvrit la bouche pour me montrer une de ses dents, en m'avisant qu'elle était osanore.

» J'ai pris des renseignements, me dit-il,
» l'auteur de l'article, lu par moi dans la gazette
» de l'autre jour, est un jeune gentlemen des
» hautes terres d'Ecosse nommé M. Marc
» Gillikrankie. Il a été traité par le directeur
» du Scottisch-lunatic-collège de Glasgow pour
» phlogose chronique des méninges et guéri
» radicalement, sauf quelques atteintes de ma-
» nie intercurente pendant lesquels il croit être
» le chat Mur d'Hoffmann, traduction de
» M. Loëve-Weimor. Il est parent, par les
» dames, du petit-gendre de M. Dugald-Ste-
» wart; c'est un garçon d'avenir... Je vais
» épouser ma jeune protégée, qui n'est pas
» laide, comme j'ai eu le mauvais goût de le
» dire, mais jolie, au contraire, plus que les
» anges. Ce n'est pas pour elle que je l'épouse,
» c'est pour moi, je serai bien aise d'avoir une
» garde-malade en vue des fâcheuses infirmités
» dont je suis menacé par ce M. Marc Gilli-
» krankie. »

Ici Faust s'interrompit pour me demander :

— Est-ce que cela t'amuse ?

Je répondis aussitôt affirmativement, par politesse d'abord et ensuite parce qu'il y avait dans ces paisibles extravagances une vague saveur de vérité.

— Alors, me dit Faust, buvons à la santé des critiques ; ce sont, au demeurant, de savantes personnes, livrées à la moins dangereuse de toutes les oisivetés.

» Je n'avais nulle objection à faire au mariage de Palikarnn, je désirais seulement passer l'inspection de sa future comtesse, et je fus présenté dans les formes à la petite Savoyarde.

» Au premier aspect, je la trouvai niaise comme du sucre, mais l'ayant mieux examinée, je m'écriai :

» — Don Juan, riche homme et fils de quelqu'un, ce n'est pas une mésalliance que vous allez contracter, mon frère, cette jeune fille est digne d'être *gentle-woman du club*, je la reconnais ; c'est Agnès.

» Il me sauta au cou et l'enfant velouta pour moi son regard en me roulant une cigarette. Elle était, en conscience, assez gentille et presqu'entièrement nettoyée de cette crasse transalpine qui a deux fois la hauteur et l'épaisseur de la peau.

» J'augurai qu'elle mènerait mon de Palikarnn très bien et je consentis à être témoin du mariage.

» Ce M. Marc Gillikrankie n'y entendait assurément pas malice et gagnait comme il pensait les dix guinées, prix de ses articles. Si on lui eût demandé : de quoi vous mêlez-vous ? il aurait répondu : Don Juan appartient à tout le monde... Le mauvais côté de notre situation, c'est que la loi ne s'avisera jamais de murer notre vie privée.

» Eh bien ! M. Marc Gilikrankie a tué Don Juan aussi net que s'il lui eût appliqué sur la tête le cuir plombé d'un fléau américain, et Don Juan s'en va mourant d'une maladie qui a nom LA CRITIQUE.

» Au bout d'un mois de mariage, il avait vieilli de trente ans.

» Il est vrai d'ajouter qu'Agnès se portait comme un charme. Elle semblait gagner tout ce qu'il perdait, elle prospérait, elle florissait, elle avait des rayons, presque de la barbe.

» Et, ne t'y trompe pas, pendant quinze jours au moins, Don Juan fut splendide. Je n'ai jamais rien admiré de si poignant et de si gai que sa lutte, ou plutôt que la lutte établie au dedans de lui-même entre cette fameuse gazette et sa passion ; entre M. Marc Gillikrankie et Agnès, dont le vrai petit nom est Catarina.

» Il aimait bon jeu, bon argent ; il adorait : Pense donc ? Il avait eu soif, ce lamentable bourreau, pendant que je ne sais combien de siècles et il trouvait enfin à boire ! Il buvait par tous les pores de son être, comme une éponge enragée. L'océan tout entier transformé en amour, il l'aurait bu sans reprendre haleine.

» Il était toujours gentilhomme et il devenait chevalier. Il guettait les désirs d'Agnès pour les satisfaire avant qu'ils fussent éclos, il cherchait les dangers à braver, les monstres à combattre.

» Enfin, l'insatiable Agnès était toujours

plus belle, mais lui dépérissait d'une façon désolante...

» Tu n'es pas plus bête qu'un autre, bats un peu les flancs de ton imagination, et figure-toi Don Juan amoureux, mais là franchement, bêtement, superbement! Rêve, si tu peux, Don Juan timide, avec des délicatesses exquises et frôlant de sa grande main les cordes étonnées de la guitare d'Hercule.

» Or, il aimait! il aimait! Et on ne peut pas aller contre cela, il y a des gens qui croient aux Mathieu de la Drôme, ces critiques de la température; Don Juan croyait à M. Marc Gillikrankie, de sorte qu'il aimait ainsi, éperdument, avec un almanach passé au travers du corps, ce qui doit être une gêne extrême.

» Pauvre géant tourmenté par une mouche! Son Marc Gillikrankie le tenait comme eût fait la jaunisse.

» Et quel médicament veux-tu donner à un homme qui a un philosophe écossais dans le cerveau?

» J'essayai l'écorce de grenadier, elle passe pour tuer le ver solitaire. Il m'est prouvé désormais qu'elle ne peut rien contre la critique. Toutes les potions bizarres que mon père mijotait dans sa cuisine noire, j'en cherchai, j'en retrouvai la recette, espérant toujours tirer l'Ecossais, mais bah! Don Juan lui-même résista à mes soins, il est fort comme un bœuf!

» Cependant, si je suis un médecin pitoyable, comme l'élite de mes confrères, je me targue du moins d'être un très fin observateur, aussi bien dans le monde qu'à la clinique.

» Ne crois pas que notre école moderne soit

à dédaigner, la science fait au contraire des progrès effrayants. Nous connaissons toutes les maladies sur le bout du doigt, l'anatomie et la pathologie n'ont plus de secret pour nous; à vrai dire, un seul détail nous échappe, la thérapeutique, nous ne savons pas du tout guérir les maladies que nous connaissons bien; chaque médicament se présente à nous sous forme de rébus.

» Cela est si tristement exact que, chez nous, les médicaments ont leurs jours de vogue. Si j'étais malade et que je visse la Faculté caresser follement tantôt l'iode, tantôt le fer, tantôt la strychine, tantôt le phénol, je prendrais frayeur et je me ferais traiter par un vétérinaire.

» Je n'ai rencontré en toute ma vie qu'un seul thérapeute, je l'ai bien connu et ne veux pas le nommer.

» En présence de ce cas nouveau et curieux, ce vrai médecin eût fait macérer M. Marc Gillikrankie dans de l'alcool rectifié pour se procurer de la teinture-mère de critique, après quoi il en eût servi à Don Juan une potion. Moi, je reculai devant un meurtre; aussi, dans ce cas, je me réfugiai dans l'expectantisme qui n'a jamais nui à personne, pas même aux pompes funèbres...

» Mon père allemand, dont je t'ai parlé ci-dessus, désapprouvait en principe l'abus des liqueurs fortes, mais il se serait laissé glisser à un petit excès s'il avait eu mon punch sous la main. Cela ne se fait pas, cela se respire, c'est le vent aux parfums robustes qui souffle entre les vieux troncs des forêts de la Germanie. Que n'ai-je ici une trentaine de voix assorties de la fanfare de Gotha, nous chanterions quelques hymnes patriotiques.

» Mais, au lieu d'imiter les enfants qui formulent sans cesse de vains souhaits, revenons à Don Juan.

» Tu m'accorderas bien qu'entre tous les hommes, Don Juan est le plus profondément versé dans l'art de séduire ; il possède le loquet magique qui ouvre les cœurs les mieux fermés, il se rit des précautions prises par la vertu armée, il joue avec les obstacles, la plus gracieuse moitié du genre humain forme pour lui comme un clavier sur lequel, du matin au soir, ce libertin virtuose exécute des tours de force.

» Le voilà donc marié et en tête-à-tête avec Agnès, jolie petite nigaude, qui n'a pas, sous ses cheveux en coup de vent, la moitié de la cervelle d'une linotte. Elle va l'adorer, cette pauvre minette, et par conséquent l'ennuyer.

» Tu te montreras généreux si tu donnes huit jours à leur lune de miel, car M. le comte de Palikarnn a trente ans, l'âge des ténors plus inconstants que l'onde, et Agnès, engourdie dans son seizième printemps, va lui donner tout son cœur.

» Eh bien ! tu n'y es pas. La part qu'elle lui a fait est peu large et pourtant il ne la troquerait pas contre une couronne.

» La lune de miel dure depuis près d'un an.

» Peux-tu méconnaître ici l'empoisonnement par la critique ? Don Juan n'est pas du tout un esprit romanesque, encore moins une imagination affadie par l'usage immodéré des infusions poétiques, c'est un gars positif qui ne voit pas plus loin que le bout de son nez, et matérialiste autant qu'un professeur de spiritualisme.

» Les deux hommes les plus superstitieux que j'ai connus en ma vie étaient tous deux sans religion.

» Don Juan, qui ne veut croire à rien, croit pourtant à M. Marc Gillikrankie. Or, l'évangéliste de la gazette disait : *Si Don Juan se rendait coupable d'un bienfait, il mentirait à sa nature même et serait puni par la perte de son invulnérabilité.* C'est très bien, n'est-ce pas ? et limpide comme l'histoire du chef de bataillon, à qui sa femme, incapable de tuer une mouche, fit accroire qu'il avait avalé du vert-de-gris. On mit des crêpes sur les tambours pour enterrer le bonhomme et la dame garda la blancheur de sa conscience.

» A vrai dire, M. Marc Gillikrankie est innocent, mais le lendemain du jour où ce déplorable de Palikarnn commit ce bienfait d'accueillir chez lui la petiote, il sentit quelque chose se détraquer au fond de son individu et pensa : *Je ne suis plus invulnérable.*

» Aussitôt, Agnès grandit pour lui à la taille d'une fatalité, car elle était la cause de son péché. Il détesta peut-être Agnès pendant un jour, ou pendant une heure, il n'en faut pas davantage pour aimer.

» Don Juan est brave, quoique fanfaron, il se dit : « Prenons le monstre par les cornes, je vais réduire à néant cette fatalité en rendant cette enfant folle de moi. »

» Il s'attaqua vaillamment à mademoiselle Agnès comme si elle n'eût été qu'un commandeur de marbre.

» *Povero !* Il comptait sans M. Marc Gillikrankie. Ce gentlemen lui avait cassé bras et jambes.

» La conscience qu'on a d'être vulnérable vaut un demi-cent de blessures.

» Dès le premier choc, de Palikarnn, comblé de contusions, regagna sa tente et consulta le texte du prophète écossais.

Le texte impitoyable lui cria : *Si Don Juan s'oubliait jusqu'à ressentir le véritable amour, il perdrait sa force.*

» *Oïmé !* Il glissa un regard effrayé au dedans de son âme et y vit une loupe de la grosseur d'une citrouille qui allait s'engraissant et s'enflant sans relâche : c'était de l'amour première qualité. Qui donc, sinon la critique, avait pu introduire dans l'aride poitrine de Don Juan cette passion impossible ?

» Il y avait de quoi pleurer, n'est-ce pas ? et tu penses que le malheureux pleura tout de suite ? Non ! l'histoire de la première larme de Don Juan est plus dramatique que cela et moi seul puis te la raconter.

» Seulement, buvons et permets-moi une seule observation : Etre interrompu quand je parle, me déplaît, mais il y a certaines exclamations flatteuses qui trahissent le plaisir éprouvé par l'auditoire. J'aurais honte de t'interdire les applaudissements. Le père Dixi les recherchait. Ils sont dans la nature.

» Je serai bref, tout en soignant ma forme, l'épisode vaut la peine d'être avantageusement présenté.

Il poursuivit, après avoir lampé un quatrième ou cinquième bol de punch :

— Agnès n'était, à proprement parler, ni méchante ni bonne ; elle riait aux éclats à tout propos et mangeait des sucreries. Elle avait suivi de Palikarnn comme un petit chien qui lèche la main du premier venu ; jamais elle ne l'a mordu.

» Agnès n'était pas une païenne ; elle se signait quand les enterrements passaient et disaient une oraison à sainte Barbe dès qu'il faisait du tonnerre.

» De Palikarnn ne voulut pas de ces faiblesses. Il était saint-simonien comme beaucoup d'hommes d'esprit dont quelques-uns sont morts chanoines, tandis que les autres vivent atrocement millionnaires ; il tournait même un peu au mormonisme.

» Il enseigna à sa petite femme la morale libre, qui se promène, non pas toute nue (la nudité respire la pudeur) mais déshabillée, sur un âne ivre.

» Agnès prit cette religion sans se faire prier, cela lui était bien égal ; elle avait la douceur d'un plat de bouillie ; on faisait d'elle tout ce qu'on voulait.

» De Palikarnn avait une marotte qui consistait à vouloir animer ce joujou.

» Lovelace, qui a du talent, lui dit plus d'une fois :

» — Ce sont les femmes des autres qu'on éduque ainsi, prends garde, tu n'en seras pas le bon marchand.

» Don Juan écoutait cela en effilant sa moustache. L'idée ne pouvait pas entrer en lui qu'il fut sujet aux malheurs du ménage, surtout lorsqu'il s'agissait d'Agnès.

» Avec dona Anna, avec Haydée, avec Elvire elle-même, peut-être les paroles de Lovelace l'auraient-elles porté à réfléchir. Haydée, dona Anna, Elvire étaient des femmes, elles l'avaient aimé, mais Agnès ! Un bébé de carton ! Une poupée plus blanche et plus rose que la crême des meringues, allons donc !

» Il s'y connaissait ; sa pénitence était d'attendrir un bronze de pendule et d'allumer une âme au dedans de cette poitrine de statuette. N'était-ce pas déjà bien assez souffrir, puisque tout le pouvoir magnétique de Don Juan, ce prodigieux charmeur, s'acharnait à obtenir ce tout petit résultat et n'arrivait à rien ?

» Il y allait pourtant de tout son cœur, il prodiguait à pleines mains et en pure perte les trésors de tentations que les poètes lui ont amassés.

» Moi je regardais en amateur, avec une curiosité philosophique, l'immense effort de ce Sisyphe écrasé par le poids d'un caillou mignon dont se serait joué un enfant.

» Par instants, il souhaitait la haine d'Agnès pour avoir d'elle au moins quelque chose ; mais l'implacable fillette, loin de le détester, l'aimait à sa manière, ce qui est terrible. Elle l'aimait comme un meuble ou comme un oncle, elle dormait ou riait dans ses bras, ne comprenant rien à ses ardeurs et s'étonnant de ses désespoirs.

» Veux-tu le mot suprême : elle ne s'effrayait pas de ses colères qui faisaient courir un frisson dans mes veines.

» Les auteurs, mon ami, les auteurs vont chercher midi à quatorze heures. A quoi bon le commandeur, le tonnerre et les éclairs ? Don

Juan n'est pas bien puni par ce trépas de mélodrame ; il a du bruit autour de sa mort, il peut défier la foudre et s'étourdir dans l'ivresse des blasphèmes.

» Mais Agnès ! que faire contre Agnès ? Comment se venger d'elle et pourquoi ? Elle n'est pas cause, elle ne sait pas.

» Il est d'un fou d'accumuler des matières combustibles autour d'une carafe d'eau claire dans le but d'y mettre le feu ; d'un plus fou de briser la carafe parce qu'elle n'a pas voulu flamber. Agnès ne résiste pas, elle glisse, elle fuit, elle sommeille ! Agnès dort au nez des héros, au nez du diable ; Agnès n'adore que la gaze rose et la confiture ; Agnès n'a peur que des araignées.

» Inondez-la de ces flots d'éloquence qui jaillirent à diverses époques de la poitrine féroce et fanatique du moine Tellès, du cœur merveilleusement humain de Molière, du cerveau âpre et hautain de Byron, de l'imagination gracieuse de Musset ; baignez-la dans l'amour dont ces aigles et ces cygnes ont entonné ardemment le cantique, elle ne sera pas même mouillée, elle passera, sèche et froide, au travers du brûlant déluge !

» La voilà, tenez ! sa robe blanche, plus imperméable qu'une armure d'acier, ne se doute même pas qu'il ait plu de la lave.

» La voilà, elle se repose dans sa fonction providentielle qui est de punir Don Juan ; il ne faut qu'elle pour cela, mais il la faut !

» Donc, à bas les auteurs !...

» Ecoute, j'ai vu en ma vie bien des choses surprenantes, curieuses, cruelles ; je n'ai jamais rien vu qui fut comparable, même de loin, au supplice de Don Juan, étranglé par ces jolis doigts de glace. C'était un drame navrant, mais amusant, qui m'a tenu attentif pendant de longues journées.

» Que peut-il y avoir de plus réellement intelligent que Dieu? Voilà une suprême vengeance, Agnès!

» Est-ce un géant qui terrassa Goliath? non, c'est une pauvre petite pierre lancée par une faible corde, balancée par la main d'un enfant, qui le foudroya.

» Au grenier, le commandeur!...

VIII

LA LARME DE DON JUAN

Jehan s'essuya le front et vida une bouteille de kirsch dans le bol qui allait se vidant.

— Quand je m'échauffe, par hasard, reprit-il, j'ai des pensées aussi originales que profondes. Va-t-en voir si M. Marc Gillikrankie en sème de pareilles !

» Il y a donc que ce triste de Palikarnn ne savait plus sur quel pied danser, il jetait sa science aux chiens et maudissait franchement son rôle. Sa Galathée ne voulait pas s'éveiller, il fallait en prendre son parti.

» Moi, comme je viens de l'avouer, je trouvais la punition du vampire d'amour aussi spirituelle que complète ; à cet ivrogne insatiable de sang jeune et chaud, le sort avait jeté un silex taillé en ingénue. Le monstre s'était cassé toutes les dents et se mourait de la pépie, c'était joli au dernier point.

» Pourtant, Don Juan et moi, nous étions loin de compte ; quand le *fatum* des Mahométans se mêle d'être ingénieux, il dépasse les vaudevillistes les plus raffinés.

» Un soir, je vis entrer de Palikarnn ici, dans ma chambre à coucher, il était tout guilleret et se frottait les mains en homme qui a marché sur une bonne petite nouvelle. Il s'assit dans le fauteuil où tu es, et prit, ma foi, une de ses anciennes poses de bellâtre irrésistible, une main dans l'entournance du gilet, l'autre disposant avec grâce les boucles pommadées de ses cheveux.

» Sachant qu'il reportait depuis plusieurs mois de la rente italienne, je lui demandai si ce fonds d'État remontait enfin des profondeurs où le plonge la confiance de l'Europe.

» Il me répondit d'un ton béat :

» — Tout vient à point à qui sait attendre ! »

» C'est exact, au fond, il n'y a que le danger de ne pouvoir payer ses différences et d'être liquidé à la tartare.

» — Il s'agit bien de bourse, reprit-il, M. Scribe a dit le premier avec l'autorité de sa position : l'or est une chimère... »

» Je voulus lui faire observer que *Robert-le-Diable* n'était qu'une pâle imitation de ma propre légende et de mes rapports extra-naturels avec Méphistophélès ; mais il s'écria :

» — Je me moque de tout cela comme d'un
» caprice de la veille ou des cendres de mon
» cigare ! Voilà ce qui se passe : toutes mes
» autres aventures ne sont que de la saint Jean
» auprès de celle-ci ; regarde-moi comme une
» lettre de faire-part, je t'annonce que je vais
» être heureux encore une fois et ajouter un
» nom à la liste de mes conquêtes. »

» Il y a peu de physionomies aussi expressives que la mienne, de Palikarnn lut dans mes yeux que je n'avais pas compris et ajouta, en me serrant les deux mains :

» — O mon ami, c'est de ma femme que je te
» parle! le destin a cessé de me persécuter. Tu
» connais mon expérience acquise par trois
» siècles de succès ; depuis une semaine, je
» reconnais à des signes subtils, mais certains,
» qu'un charmant travail s'opère chez ma jeune
» et bien-aimée compagne. Quelque chose
» d'agréablement mystérieux s'agite et frémit
» déjà au-dedans de son être ; madame la com-
» tesse est en fermentation. Hier, elle était
» bouton, elle s'entr'ouvre aujourd'hui, demain,
» elle sera fleur ! »

» Il est sûr, n'est-ce pas, que ce garçon-là connaît les dames ? Je lui fis mon sincère compliment et il fut convenu qu'en ma qualité de voisin et d'ami j'irais, ce soir même, demander sans façon à souper au ménage de Palikarnn, pour passer en revue la floraison de la petite comtesse.

» Tu me trouves un peu régence ? ne fais pas attention.

» Dix heures sonnant, j'entrai chez Don Juan et je fus reçu par la future fleur elle-même. C'était frappant, vois-tu, elle bourgeonnait.

» Ah! Stella, chère fille, pauvre églantine des haies bretonnes, où étais-je à l'heure où il fallut te cueillir?

» Nous fîmes un souper charmant, j'avais faim. De Palikarnn triomphait, Agnès pétillait, je ne savais plus où j'en étais quand le corail et l'ivoire de sa bouche éclataient dans la mousse légère du champagne. Elle regardait Don Juan avec des yeux...

» Tiens ! j'en ai encore envie de rire !

Ici, je crus entendre un bruit dans le salon et je regardai du côté de la porte, mais Faust me dit :

— Ce n'est rien, le mari et la femme sont tous deux sur le flanc et n'ont garde de quitter leur lit qui, pour eux, est un lit de fatigue, je me reproche ma gaieté, parole d'honneur ! car tout cela devait finir tristement ; mais de Palikarnn était si drôle !

» La fatuité conjugale, à mon gré, recule les bornes du comique, c'est la roue du dindon parodiant le feu d'artifice multicolore que le paon allume pour éblouir ses fiancées.

» Au dessert, voulant boire son bonheur jusqu'à la lie, Don Juan m'adressa un regard d'intelligence et dit à la comtesse :

» — Qu'as-tu donc ce soir, mignonne ? je te trouve toute changée ? »

» Et il ouvrit l'oreille large comme le pavillon d'un cor de chasse pour entendre la bienheureuse réponse de l'ange.

» Penses-tu qu'Agnès fut embarrassée ? Point ! En définitive, c'était son mari, et j'ai spécifié qu'on m'avait invité sans façon. Elle quitta sa place et vint s'asseoir sur les genoux de Don Juan.

» Je crus qu'il allait se trouver mal.

» — Mon ami, murmura-t-elle en lui jetant
» ses bras autour de son cou — et j'affirme
» qu'elle était radieuse de candeur — mon ami,
» je suis heureuse parce que je vais te causer
» une grande joie. Depuis que nous nous con-

» naissons, tu me demandes tous les matins,
» tous les soirs et à midi : quand donc t'éveil-
» leras-tu ? quand donc aimeras-tu ? »

» — Tu m'aimes ! » interrompit de Palikarnn éperdu.

» Et se tournant vers moi, il ajouta :
» — Elle m'aime ! »
» Agnès le regarda tout étonnée.
» — Mais, dit-elle, ne le savais-tu point ? je
» t'ai toujours aimé. Seulement, tu dois com-
» prendre, puisque c'est toi qui m'a mis en tête
» toutes ces choses, qui me semblent si adora-
» bles depuis huit jours : je t'aimais tranquille-
» ment, doucement... Et maintenant ! oh ! quelle
» différence ! ce n'est pas moi, ami, qui me suis
» éveillée, c'est tout autour de moi, la maison,
» le jardin, la terre, le ciel, ce qu'on voit, ce
» qu'on entend, ce qu'on respire ! »

» Elle le baisa, noyé qu'il était dans une
céleste extase.

» — Comme tu avais raison, reprit-elle, et
» comme j'étais folle de ne pas te croire ! Tout
» ce que tu m'avais dit s'est réalisé dès la pre-
» mière fois que je l'ai vu... »

» Elle s'arrêta, parce qu'une mortelle pâleur
venait d'envahir le visage de Don Juan. Moi, je
ne le cache pas, j'avais peur.

» Agnès continua :
» — Tu m'as dit encore et si souvent : qu'im-
» porte que ce soit par un autre ou par moi ?
» ce que je veux passionnément, c'est te voir
» aimer... Eh bien ! tu fermes les yeux ! Ma
» naissance, car je viens de naître, te causerait-
» elle de la tristesse ? »

» Don Juan gardait le silence.

» Elle disait vrai, pourtant : dans le frénétique désir qu'il avait de mettre le feu, Don Juan avait pris à poignées et au hasard toutes sortes d'allumettes. Il avait été poète et peintre, il avait évoqué, croyant travailler pour lui-même, tout un choix de rêves... Etiez-vous là, quelque part dans l'air, spectres de ses amantes assassinées ? Oui, la vengeance a le flair du tigre, vous deviez être là !

» Agnès se taisait, étonnée et déconcertée.

Don Juan demanda d'une voix que je ne lui connaissais pas :

» — Comment s'appelle-t-il ?

» Sans hésiter, Agnès répondit :

» — C'est M. Séraphin, le joli jeune homme
» qui demeure de l'autre côté de la rue. »

» Je plaignis ce pauvre Séraphin. Agnès venait de signer un arrêt de mort.

» En effet, la poitrine de Don Juan rendit un rugissement et il dit, en essayant de se lever :

» — Je vais le tuer ! »

» Elle le retint enlacé dans ses bras :

» — Méchant ! murmura-t-elle, tu me trom-
» pais donc ! c'était pour toi tout seul que tu
» voulais m'éveiller ! »

» Don Juan était à peindre, l'infortuné bourreau ! au milieu de ma pitié sincère, je ressentais un violent besoin de rire.

» Agnès continuait, éloquente comme une femme qu'elle était désormais :

» — Tu n'avais qu'un désir, tu ne formais
» qu'un vœu, le bonheur de ta petite amie ! Tu
» voulais qu'elle connût ces belles joies qui font
» de la terre un paradis, tu parlais à mon cœur,
» tu lui disais de battre, fallût-il payer de ta vie

» ce frémissement délicieux qui jamais n'avait
» couru dans mes veines ! Eh bien ! mon cœur
» bat; tiens, appuie ta main sur mon sein et tu
» le sentiras, mon sang se précipite, mon esprit
» rêve, tout ce que tu souhaitais s'est réalisé et
» tu n'es pas content ! »

» Hélas, non ! de Palikarnn n'était pas content. Agnès, qui avait les mouvements onduleux d'une chatte, lui donna tour-à-tour ses deux joues à baiser en répétant :

» — Méchant ! vilain méchant ! »

» Tu crois peut-être que je mets du mien dans cette scène pour la rendre plus comique ? pas le moins du monde; songe que l'éducation d'Agnès avait été faite par Don Juan.

» Celui-ci avait de la sueur aux tempes. Il balbutia le mot mariage. Agnès fixa sur lui ses grands yeux innocents, mais coquins.

» — Après, demanda-t-elle.

» — Je veux dire, répliqua tout bas Don Juan, que nous sommes mariés...

» Pour le coup, Agnès eût un accès d'hilarité folle :

» — Mariés, répéta-t-elle dès que son rire spasmodique lui permit de parler, qu'est-ce que cela fait ? Ne m'as-tu pas appris que le mariage était une vieillerie grotesque ? Tu ne crois à rien, Don Juan, moi, je croyais à tout, c'est toi qui m'a guérie de cette fâcheuse infirmité. Tiens ! la semaine dernière encore : « Je t'aime
» tant, disais-tu, que si je connaissais un homme
» au monde capable de t'enseigner le bonheur...»
tu mentais donc ? Et pour mettre les points sur les I, tu me racontais l'histoire touchante et belle de ce jeune homme généreux qui conduisit lui-

même sa femme dans les bras du beau philosophe qu'elle aimait. Voilà, ce me semble, un bijou de saint-simonien ! Il commanda lui-même le festin des libres épousailles et s'y couronna de roses moussues !...

» Je ne riais plus, tant ce pauvre de Palikarnn m'inspirait de compassion. Il ne trouva rien à répondre, sinon ce cri de détresse imbécile :

» — Mais... Mais... et moi ?

» — Dame, fit-elle, je n'avais pas pensé à toi.

» Pourtant, elle ajouta bien vite :

» — Toi, c'est tout simple, tu seras le bon papa de mes petits enfants !

» Elle se leva, vivante caresse, le baisa et sortit.

» Don Juan resta immobile et comme pétrifié.

» Quand je voulus lui parler pour l'arracher à cette léthargie qui m'effrayait, il me regarda, une larme roulait sur ses yeux. Elle s'y dessécha, brûlée par la fièvre, et il me sembla que ses cheveux blanchissaient à vue d'œil.

» Il murmura, si bas qu'à peine je pus l'entendre :

» — C'est mon châtiment !... ce M. MacGillikrankie !

IX

LA PRIÈRE DE DON JUAN

On avait rempli déjà trois fois le bol de punch. Faust buvait, fumait et parlait sans que sa longue figure pâle trahit le moindre symptôme de fatigue.

Moi, j'avais un peu de migraine. La scène bourgeoisement fantastique qu'on venait de mettre sous mes yeux m'avait frappé surtout par son côté vulgaire, j'y croyais.

Faust reprit :

— Ce M. Mac-Gillikrankie n'est pas un sorcier pour cela, ou plutôt tous les bavards qui jouent au sorcier ou au prophète peuvent dire la vérité une fois par hasard, d'autant plus, qu'un horoscope tiré et connu de la personne qu'il intéresse pèse nécessairement sur sa destinée. Ma conviction est que de Palikarnn pourrait exiger des dommages-intérêts pour tout le tort que lui a fait la trop fameuse gazette…

Je tournai la tête vivement parce qu'une voix disait derrière moi :

— Tu te trompes, docteur !

Jehan parut aussi étonné que moi ; un vieillard de haute taille, vêtu d'une casaque de velours noir, traversait la chambre d'un pas lent et pénible.

Le bruit que j'avais entendu naguère n'était pas une illusion.

— De par tous les diables ! s'écria Jehan, pourquoi as-tu commis cette imprudence, M. le comte ? retourne à ton lit et vite !

Au lieu d'obéir, le vieillard prit un fauteuil et s'assit, disant :

— Docteur, verse-moi un verre de punch, j'ai soif.

Jehan haussa les épaules, mais il emplit un verre, puis il me dit :

— Tu voulais voir Don Juan, le voilà !

Je m'inclinai, le vieillard répondit gravement à mon salut.

— J'ai occupé les femmes et les hommes pendant plusieurs siècles, monsieur, me dit-il, non sans une certaine complaisance ; ma réputation est détestable et mon ami le docteur chante rarement mes louanges, mais je vaux peut-être mieux que ma renommée et d'ailleurs les hommes que j'ai tués, les femmes que j'ai trompées valaient encore moins que moi.

Jehan grommela :

— La critique ! j'ai lu cette phrase-là dans vingt-neuf articles assommants. Il ne parle qu'avec les articles qu'on a fait sur lui.

— Tu te trompes encore une fois, docteur, repartit Don Juan qui porta son verre à ses lèvres. Tout ce que la critique radote, c'est moi qui l'ai dit le premier. M. Mac-Gillikrankie m'a volé ses rubriques. Tout cela était en moi parce que tout cela était mon destin.

Le verre sonna contre ses dents, car sa main tremblait. Il but et il eut une tache de vermillon au milieu des pâleurs de sa joue.

Il poursuivit :

— Quel autre critique a donc dit après moi : « Don Juan ne doit rien aux femmes par cette raison qu'il n'a pas eu de mère ? » Toute ma vie est là : je suis le seul être humain qui n'ai pas eu de mère.

» Le docteur, ajouta-t-il en s'adressant à moi, nie cette vérité comme tant d'autres. Il est savant au point de ne plus rien savoir ; c'est le type absolu du professeur. Si j'avais eu une mère, est-ce que je serais Don Juan ?

Faust voulut bien lui faire observer que cette façon défectueuse de raisonner est proscrite dans tous les traités de logique ; mais le bonhomme se fâcha, croyant qu'on mettait en doute son identité.

— Si je n'étais pas Don Juan, s'écria-t-il, aurais-je été puni pour une bonne action ? Aurais-je perdu ma force pour avoir ouvert mon cœur à l'amour ? Serais-je devenu vieux pour une larme ? Réponds !

Faust répondit :

— Autre cercle vicieux. Va te mettre au lit ou gare à toi !

Comme pour donner raison à cette menace, une quinte de toux prit Don Juan et le secoua terriblement.

Il répliqua pourtant d'une voix épuisée :

— Je ne veux pas rentrer dans ma chambre, madame la comtesse couche au-dessous de mon lit ; j'entends ses plaintes !

Faust me lança un coup d'œil avec cette explication :

— Madame la comtesse fait ses couches !

Il n'en fallut pas davantage, et ma pensée eut beau se révolter, tout un douloureux et plat roman analogue à ces ulcères photographiés, qu'on appelle à présent des *études réalistes,* se déroula devant moi : en haut, madame la comtesse avec M. Séraphin, le Don Juan surnuméraire ; en bas, M. le comte combattant son agonie, et le même docteur pour les deux étages !

Don Juan lisait ma pensée dans mes yeux. Son accent eut une véritable dignité quand il reprit :

— Monsieur, Faust vous a tout dit, c'est son rôle de vieil enfant égoïste et curieux, brisant tous les jouets qui lui tombent sous la main pour en comprendre le mécanisme. Il sondait l'absolu, autrefois, dans son atelier plein de vide, livré à des monologues formidables pour lesquels un parterre parisien ferait cuire toutes les pommes de la Normandie. Maintenant, il dissèque les âmes et les corps. Philosophe sans sagesse, médecin sans remèdes, sinon sans pharmacie. Au moins, moi, j'avais le côté animal de l'homme, c'est-à-dire le côté brûlant et brillant, le vice, la barbe, l'épée. Lui qui n'a jamais eu que d'innombrables et sonores paroles. C'est un Allemand froid jusque dans ses fièvres, obtenues par les grands coups qu'il s'applique sur les flancs. Nous sommes des amis, lui et moi, monsieur, c'est-à-dire que nous nous méprisons en connaissance de cause. Il vous a conté mon histoire lâchement, pour faire parade d'habileté anatomique. Il m'a tourné en ridicule à cette fin de se prêter la mine d'un railleur, car votre France lui a inoculé la seule peste qui lui manquât : le sarcasme. Il sait maintenant les plaisanteries errantes du boulevard et les débite en phrases saxonnes, longues comme des jours sans pain. Eh bien ! il n'a pas menti, j'ai souffert cela : humiliations burlesques, tortures honteuses, déceptions d'autant plus navrantes qu'elles portent à rire ; j'ai été bafoué à la façon de Georges Dandin, moi, Don Juan, par un avorton et par une poupée. Et ce n'est pas tout, j'ai accepté en écumant l'ignominie de mon martyre, sans me résigner jamais, j'ai courbé la tête, je suis vaincu, je suis dompté, je suis esclave. Tous les courages m'ont fait défaut, même celui qui consiste à fuir. Je résiste comme un gibier abattu à l'endroit même où j'ai été frappé ; je reste pour entendre la chanson de mon Agnès qui n'est pas à moi, ou sa plainte, pour la voir pleurer ou sourire. Je l'aime..., comment vous le dirai-je ? follement n'est pas assez, nul homme n'a jamais enduré la tyrannie d'un pareil amour, je l'aime mille fois davantage depuis qu'elle appartient à un autre, sa trahison me l'a embellie ; je l'aime de toute la passion qu'elle ressent, de toute la haine qui me brûle, de tout mon désespoir et de tous mes remords !

Faust ricana et murmura dans son verre :

— C'est la grande tirade, je la sais par cœur. Cela continue ainsi :

« Car j'ai des remords... »

Don Juan poursuivit en effet :

— Car j'ai des remords ! je regrette non pas le mal, mais le bien que j'ai fait, ma bonne action, la seule qui ait rongé comme la rouille une maille de mon impénétrable armure. Il n'en fallait pas plus, tout a passé par là, pointes de glaives et pointes d'épingles ; tout l'appareil inouï de mon supplice ! Elles sont venues bien des fois, la nuit, celles qu'on nomment mes victimes au lieu de les appeler tout bonnement mes complices, elles se sont penchées sur mon lit pour mieux voir la gangrène de ma blessure, je n'ai pas même écouté le chant cruel de leurs représailles. Que m'importent ces vieilles péronnelles ? Elles peuvent glapir, ma douleur est en moi, il ne dépend pas d'elle de la grandir. Que m'importent les ironies de mon ami le docteur et les menaces du commandeur, mon ennemi ? C'est au fond de moi que je souffre et uniquement par elle. J'adore sa beauté qui n'est pas d'une princesse, mais d'une grisette, sa jeunesse, sa gaucherie, le tour commun de son esprit ; sa voix un peu criarde me fait vibrer le cœur comme un chant de sirène ; elle me tient, elle me possède sans le vouloir, sans se soucier de moi plus que du roi de Prusse. J'ai récolté ce que j'avais semé, c'est moi-même qui lui ai arraché la vergogne ; nous formons publiquement et sans mystère cette sauvage famille de la comédie, cette trinité monstrueuse qui fait vivre le théâtre-poisson : le mari, la femme et l'amant. C'est réglé, c'est admis, elle m'envoie le chercher à son cercle. Il se moque de moi, ce n'est rien ; il la bat, elle m'a ordonné de ne point la défendre ! Il passe pour un prestolet. Il était courtaud de boutique avant de vivre de mes rentes ; on le dit bâtard d'un bâtard. Eh bien ! je ne suis pas éloigné d'être fier quand il se montre bon prince en me tendant la main.

Pensez-vous que ce soit ramper assez bas ? moi, je ne sais, j'irais plus bas encore si elle voulait. Qu'on exige de moi n'importe quoi, qu'on invente une fange plus noire et qu'on me la jette au visage, je resterai, pourvu que je la voie, que je l'entende, pourvu qu'on laisse mon agonie se tordre à ses pieds. *Je suis Don Juan et j'aime !!!*

Don Juan se tut après avoir dessiné un grand geste que nous essayons de figurer par trois points d'exclamation.

Malgré tout, Jehan était un peu ivre, car il avait mis ses deux pieds sur la table.

Il me dit en balançant sa chaise d'une façon inconvenante :

— Ordinairement, de Palikarnn ne finit pas ainsi, tu as de la chance, car, pour toi, il a abrégé. Il ajoute une phrase ou deux sur l'immensité de son amour qui a su vaincre une fatalité. Comment le trouves-tu ? On ne devinerait guère quel gaillard il a été. Voilà ce que c'est que de nous !...

» Eh ! vieux, reprit-il en s'adressant à Don Juan, tu me fais de la peine. Je vais te donner un dénouement à la Jean-Bart, une pipe pour allumer ton baril de poudre final ; un boulet rouge pour te couler.

» Quoique tu en puisses dire, le Mac-Gillikrankie a prédit toutes les marées, comme s'il était Mathieu de la Drôme lui-même. Ses trois premières déductions sont du Nostradamus tout pur : premièrement la bonne action, deuxièmement le parfait amour, troisièmement la larme à l'œil. Reste la quatrième prédiction, qui est la prière ; allons, vieux, essaye un bout de patenôtre et tu vas sauter comme une mine, ou couler comme *le Vengeur !*

Don Juan lui lança un regard courroucé :

— Pharmacien ! prononça-t-il avec un écrasant mépris.

Puis, parlant pour lui-même, il ajouta :

— J'y avais songé, mais prier, moi, Don Juan ! prier au XIX° siècle de M. Zola ! prier au moment où les femmes vont quitter les jupons pour arborer le pantalon, quand je n'ai pas prié aux temps de Thomas d'Aquin, aux temps de Torquemada, aux temps de Luther ! Ce serait plus qu'une infâmie, ce serait une petitesse !

Il n'acheva pas, parce que des cris se firent entendre à l'étage supérieur.

Au même instant, une suivante essoufflée accourut, disant :

— Docteur ! docteur ! madame la comtesse vous attend !

Faust se leva, mais il prit le temps de boire le dernier verre de punch et de me dire à l'oreille :

— *Pater is est quem justæ nuptiæ demenstrant !* Nous allons mettre au monde tout ce qu'il y a de plus légitime en fait de petit Don Juan.

Il sortit avec sa pipe de porcelaine.

Les plaintes continuaient à l'autre étage, elles allaient s'éteignant parfois, pour éclater bientôt plus déchirantes.

Je regardai Don Juan. Il restait immobile, la tête penchée en avant, les deux mains crispées sur le bras de son fauteuil. Ses traits ravagés trahissaient l'inquiétude qui torturait son âme.

Bientôt une sorte de tic agita les muscles de

sa face qui exprima l'angoisse parvenue à son plus haut paroxysme.

La voix de femme dit, en un grand cri :

— Je me meurs !

Don Juan se mit sur ses pieds, tout droit, et ses cheveux blancs hérissés frémirent.

Pendant le silence qui suivit, je l'entendis murmurer :

— Elle se meurt ! Elle se meurt ! Oh !...

Aucun peintre, aucun plumitif ne saurait rendre la navrante douleur éprouvée par cet homme que transfigurait son martyre. Il était beau comme les christs de l'école ascétique ; l'angoisse jaillissait hors de lui, par tous ses pores, comme la sueur terrible qui baigne les agonisants.

Il éleva les deux mains jusqu'à son front où elles se collèrent, tremblantes et pâles. Ses genoux fléchirent et il prononça en un sanglot :

— Elle se meurt ! Mon Dieu ! Mon Dieu !! Mon Dieu !!!...

X

LA RÉSURRECTION DE DON JUAN

Don Juan, après ces mots, battit l'air de ses mains.

Je m'élançai pour le soutenir, mais il n'y avait déjà plus qu'un mort, étendu tout de son long sur le parquet.

Quoique vous puissiez penser de ce M. Mac-Gillikrankie, il est certain qu'il avait dit vrai pour la quatrième prophétie, comme pour les autres.

J'étais témoin : La prière venait de tuer Don Juan, raide comme une lame qui lui eut traversé le cœur.

A l'étage au-dessus, il y eut du mouvement et du bruit, je distinguais le vagissement d'un enfant.

On disait :

— C'est un gros garçon et la jeune mère se porte comme le Pont-Neuf !

Pauvre de Palicarnn !

Quand Jehan descendit, je lui racontai la chose, et il me dit :

— C'est très curieux, je ne suis pas pour la peine de mort, en principe, mais on pourrait bien empaler un peu ce fainéant d'Ecossais qui a tué un homme à Paris pour toucher quelques francs à la caisse de sa maudite gazette. Je ferai l'autopsie pour voir s'il existe à l'intérieur quelque signe de critique. En attendant, Don Juan est mort, vive Don Juan ! Le petit comte est superbe et il a déjà l'air d'un coquin fieffé.

Je ne suis pas habitué à boire tant de kirsch de Thuringerwald ; j'avais, selon toute probabilité, la cervelle quelque peu échauffée, car je ne saurais dire comment je quittai le domicile de mon ami le docteur Faust. Il faisait grand jour quand je rentrai chez moi où je me mis au lit avec un mouvement de fièvre.

Etait-ce le punch allemand ou l'impression profonde qu'avait faite sur moi la fin caractéristique de Don Juan ?

J'eus un rêve dont le souvenir vague me poursuit.

Mon opinion est qu'il faudrait une plume bien délicate pour pointiller une semblable fantaisie. J'étais gêné comme si j'avais sur les épaules un des songes célèbres de la tragédie Voltaire-Crébillon-Ducis.

C'était le paysage andalous, car j'aime les choses légitimes et, pour moi, malgré les maîtres qui l'ont expatrié, Don Juan est toujours le galant Croquemitaine de Séville. Le Guadalquivir coulait tortueusement dans ces prairies inondées de soleil qui descendent vers l'Isla-Mayor ; j'entendais son murmure paresseux derrière la haie de palmiers nains et de lauriers.

Au loin, la ville d'Hercule et de César dominait l'horizon plat, dominée elle-même par l'immense cathédrale au-dessus de laquelle la Giralda carrée élevait son campanile fleuri. Il y avait dans l'air des senteurs de fleurs et de fruits et de lentes harmonies tombaient du haut des églises.

Don Juan était là, non loin du fleuve, sous l'ombrage des chênes-verts. On l'avait abandonné parce qu'il allait mourir et qu'il faut des vivants à toutes celles que Don Juan aime. Ces cloches tintaient son glas et il m'apparaissait plus grand qu'un homme dans la solitude sa sa dernière heure.

Les oiseaux, cependant, gazouillaient dans les arbres en fleurs, des insectes aux ailes dorées volaient sous le regard d'or du soleil, et, derrière les lauriers-roses, une barque glissait le long de l'eau, pleine de cavaliers et de jeunes filles dont le rire éclatait au choc des verres entre les couplets d'une chanson d'amour.

Lui, le roi du rire insouciant et des coupes pleines qui laissent des perles aux lèvres de la vierge folle, Don Juhan, le vrai Don Juan, n'avait pas subi, comme l'ami de Jehan, l'injure de la vieillesse : il mourait dans sa beauté surhumaine et ce fût à son dernier soupir comme si un voile sombre s'étendait entre la terre et les rayons qui tombaient du ciel. Les arbres laissèrent pendre leurs feuillages défleuris, tout se tut, excepté la voix des cloches glissant sur le murmure mélancolique du fleuve.

Tout avait pris fin en même temps : le cricri des insectes, les roulades des oiseaux, les cris des gais lurons, les rires des joyeuses fillettes. La nature semblait agonir.

A la place où Don Juan venait de mourir, un brouillard s'éleva, transparent d'abord, puis plus dense; longtemps je pus distinguer au travers du nuage la beauté calme et triste du pécheur décédé; mais enfin ce fût une vapeur si épaisse que mes yeux essayèrent en vain de la percer.

D'où venait cette mystérieuse fumée et que cachait-elle ?

Une curiosité ardente s'éveilla en moi. Que n'aurais-je pas donné pour m'approcher du nuage, pour y entrer, pour voir ?... Mais les songes sont ainsi dans leurs capricieuses moqueries; j'étais cloué au sol, impossible de bouger.

Pendant de longues minutes qui me semblèrent des heures, je restai immobile, l'œil fixé sur ce nuage impénétrable comme une énigme. A force de regarder pourtant, il me parût que le voile devenait moins opaque, je distinguais une forme humaine. En même temps et peu à peu, le ciel rallumait ses feux, la nature recommençait à parler, couvrant la voix des cloches qui éloignaient graduellement leurs vibrations lugubres.

Cette forme humaine, ce ne pouvait être que Don Juan, et, en effet, le nuage, presque diaphane, me laissa voir bientôt l'image du légendaire séducteur, dirai-je embellie ? C'est impossible, mais adoucie et comme sanctifiée par une auréole. Je doutais, me demandant :

— Que veut dire cela ? Sous ses paupières, au lieu de cette prunelle noire aux œillades flamboyantes, il y a de l'azur; à la place des boucles brunes qui ombrageaient la fierté de ce front, c'est une chevelure blonde qui ruisselle, et n'a-t-il point un sourire de femme? Si fait, voici sa robe blanche qui drape un sein de seize ans. Quelle est belle, la fille de Don Juan! car la fille seule ressemble ainsi à son père.

Le soleil brillait au ciel splendide, les fleurs ravivées pavoisaient la verdure, c'était fête sur l'herbe où le grillon chantait, dans l'air qui vibrait de mille concerts et sur le fleuve dont le murmure accompagnait un Noël magique chanté par des myriades de voix.

Toutes les cloches de Séville carillonnaient pour un baptême. Un souffle de brise chargé de suaves parfums dissipa le reste du nuage. Celle que je prenais pour la fille de Don Juan avait un enfant dans ses bras.

Le mot de l'énigme éblouit mon entendement : La mère aussi ressemble au fils; c'était Don Juan dans les bras de sa mère...

J'aperçus alors à mes côtés un gentlemen dont les cheveux tiraient sur le roux et qui portait le costume de l'Anglais *faisant un tour*. Il fumait un de ces londrès sans défaut qui valent seuls un long poème. Je reconnus incontinent M. Mac-Gillikrankie quoique je n'eusse jamais eu l'avantage de me rencontrer avec lui.

M. Mac-Gillikrankie écrivait sur ses genoux à l'aide d'un numéro de la gazette meurtrière qui lui servait de pupitre et plus!

« ....,... C'est évidemment un point de départ nouveau qui contient en germe la rédemption possible de Don Juan. Je ne m'arrêterai pas à combattre les incongruités de mon honorable confrère de l'*Outbidder*, pas plus que les inepties du très savant rédacteur qui collabore à l'*Edimburgh*, mais je ferai remarquer que la mère de Don Juan, dès qu'elle entre en scène, change absolument l'état de la question. J'ose dire que la création du seul personnage qui manquât au plus grand de tous les drames a l'importance d'un fait social. A la place de l'obscur écrivain français qui a opéré par hasard cette découverte, je prendrais un brevet, car il y a ici tout un côté économique, Don Juan n'étant pas étranger à la production des petits malheureux que consomme abondamment notre industrie manufacturière.

» ..... En attendant, et pour rester dans la pure critique, voici Don Juan qui a des souvenirs et qui peut garder un écho de la prière dans un coin de sa mémoire. Son front porte la trace d'un pieux baiser. Il n'est plus rigoureux d'affirmer que toutes les forces vives de cette gigantesque nature sont tournées fatalement vers le mal. Or, désinfectez Don Juan, vous avez quelque chose d'énorme, un Christophe Colomb pour le moins. Il en manque un justement pour achever le voyage au Pôle-Nord, et s'il était ingénieur de profession, il réaliserait peut-être le vœu de bien des gens qui désirent relier les deux mondes par un tunnel percé sous l'Atlantique. Moi, je proposerais plutôt un tube flottant, nous aurions le concours assuré des *gentlemen* d'un certain *club* de *lunatic*.... »

. . . .

Je ne pus lire la fin de l'article parce que Jehan m'éveilla en sursaut. Il venait prendre mes commissions pour le pays, pour Brest.

— Quoi ! m'écriai-je, tu n'assisterais ni aux

obsèques de ton collègue, ni au baptême de l'enfant?

Il m'engagea vivement à ne plus jamais boire une aussi grande quantité de punch au kirsch et prit le chemin de fer, oubliant de me laisser l'adresse de la fameuse taverne où se réunissaient les LUNATIC-CLUBMEN.

Depuis lors, je l'ai un peu perdu de vue, mais je sais qu'il n'est plus Faust, ayant donné régulièrement sa démission.

On m'a dit qu'il avait épousé Stella, veuve de son capitaine au cabotage et que le brave père Dixi, plein de jours, l'avait réconcilié avec la littérature de La Harpe, dans le but légitime d'en faire son successeur.

Jehan est maintenant un homme d'ordre et le tribunal de Brest l'a nommé conseil judiciaire de l'oncle qui l'avait fait interdire dans le temps.

FIN

TABLES

LA FABRIQUE DE CRIMES

		Pages
PRÉFACE		1
CHAPITRE I.	— MESSA — SALI — LINA	5
CHAPITRE II.	— LA MACHINE INFERNALE	12
CHAPITRE III.	— LES JARDINS DE BABYLONE	26
CHAPITRE IV.	— LES PIQUEUSES DE BOTTINES RÉUNIES	34
CHAPITRE V.	— L. D. F. E. V. — I. A. T. V. — D. E. J. — T. !	45
CHAPITRE VI.	— LE PORTEUR D'EAU	57
CHAPITRE VII.	— TRAHISON !	69
CHAPITRE VIII.	— ADULTÈRE, INCESTE ET BIGAMIE	77
CHAPITRE IX.	— LE GRAND CHEF DES ANCAS	86
CHAPITRE X.	— L'EAU QUI CHANGE LES PHYSIONOMIES	96
CHAPITRE XI.	— LA CONDAMNÉE	104
CHAPITRE XII.	— ATROCE BOUCHERIE	113
CHAPITRE XIII.	— LA POUDRE A DÉVOILER LES TRUCS	122
CHAPITRE XIV.	— CATASTROPHE IMPRÉVUE	131
EPILOGUE.	— LE SCARIFICATEUR	134

LE LUNATIC-CLUB

AU LECTEUR		139
I.	— RENCONTRE	141
II.	— LES SOUVENIRS DE FAUST	152
III.	— LES DISCOURS DE FAUST	160
IV.	— LA PROMESSE DE FAUST	172
V.	— LE PORTRAIT DE DON JUAN	184
VI.	— LE PORTRAIT D'AGNÈS	202
VII.	— LE CHATIMENT DE DON JUAN	211
VIII.	— LA LARME DE DON JUAN	228
IX.	— LA PRIÈRE DE DON JUAN	236
X.	— LA RÉSURRECTION DE DON JUAN	245

Saint-Omer, Typ. H. D'HOMONT

www.ingramcontent.com/pod-product-compliance
Lightning Source LLC
Chambersburg PA
CBHW070634170426
43200CB00010B/2019